MENSCH & WANDEL
www.menschundwandel.de

D1722649

Kurt Faller

Konfliktfest durch Systemdesign

Kurt Faller

Konfliktfest durch Systemdesign

**Ein Handbuch für die Praxis
der lernenden Organisation**

Concadora Verlag
Stuttgart 2014

**Buch-&-Film-Reihe
Professionelles Konfliktmanagement**

Copyrights

Das Werk und dessen Teile sind urheberrechtlich geschützt. Jede weitere Verwendung außerhalb des Urheberrechts ist ohne schriftliche Zustimmung des Verlags unzulässig und strafbar.

Umschlaggestaltung: Remy & Remy, München (D)

Satz und Typografie: Ernst Jagenbrein, Winterthur (CH)

Grafiken der Abbildungen: Annette Rollny, fokus visuelle kommunikation, Salzburg (A)

Druck: Kösel, Krugzell (D)

1. Auflage
© Concadora Verlag, Stuttgart 2014
ISBN 978-3-940112-39-2

Kontakt:
www.concadoraverlag.de oder
info@concadoraverlag.de

Inhalt

Vorwort (Friedrich Glasl 9

Einleitung 11

Stress in der Halle 15

1. **Vom Entweder-oder zum Sowohl-als-auch** 19
1.1 Hohe Unsicherheit und hohe Komplexität 19
1.2 Das Unerwartete managen 20
1.3 Konfliktmanagement 23
1.4 Kosten eines ungelösten Konflikts 25
1.4.1 Der Ansatz von William Ury 25
1.4.2 Die Konfliktkostenstudie der KPMG AG 26
1.4.3 Konfliktkategorien und Kostenarten 28
1.4.4 Konfliktkosten nach Oliver Ahrens 28
1.5 Das Ziel: ein an Interessen orientiertes Konfliktlösungssystem 29

2. **Der Weg zum Systemdesign – Mediation und Organisations-**
entwicklung verbinden! 31
2.1 Prinzip 1: Von personenorientierter zu organisationsorientierter
Mediation 35
2.2 Prinzip 2: Von klassischer Mediation zur systemischen Konfliktbearbeitung 42
2.2.1 Konflikt-Triade 42
2.2.2 Primat der internen Konfliktbearbeitung 44
2.2.3 Arbeitsschritte der Vorphase der innerbetrieblichen Konfliktbearbeitung 49
2.3 Prinzip 3: Von Konfliktbearbeitung zum Konfliktmanagement 59

3. **Elemente eines Systemdesigns** 61
3.1 Klare Einbettung und relative Unabhängigkeit 62
3.2 Aufbaustruktur für ein Systemdesign 62
3.3 Ablaufstruktur für ein Systemdesign 71
3.4 Systemsteuerung für ein Systemdesign 74

4. **Orientierungslandkarte für Konfliktmanagementsysteme (KMS)** 79
4.1 Modell der systemischen Schleife 79

4.2	Die drei Systemdesignschleifen		80
4.2.1	Die Auftragsschleife		81
4.2.2	Die Entwicklungsschleife		82
4.2.3	Die Integrationsschleife		82
4.3	Zusammenspiel der internen und externen Beratung		82
4.4	Vorphase		83
4.4.1	Erster Kontakt		83
4.4.2	Meilenstein 1: Start-Auftrag für einen Verfahrensvorschlag		85
5.	**Die Auftragsschleife**		87
5.1	Schritt 1: Zugang		88
5.1.1	Zusammenspiel: interne Verantwortliche und externe System-designerin		88
5.1.2	Unterschiedliche Zugänge		89
5.1.3	Statement zur Ausgangssituation		91
5.2	Schritt 2: Ziele des Unternehmens		92
5.2.1	Gemeinsame Vorbereitung		93
5.2.2	Schwerpunkte und Ansatzpunkte		97
5.3	Schritt 3: Bestehendes Konfliktmanagement		98
5.3.1	Wahrnehmen, nicht bewerten		99
5.3.2	Bestehende Konfliktanlaufstellen (KAS)		100
5.4	Schritt 4: Beteiligen		102
5.4.1	Beteiligungsorientierte Diagnose		102
5.4.2	Beschlussvorlage – konkrete Entwicklung des erweiterten KMS		107
5.4.3	Meilenstein 2: Beschluss – Entwicklung und Erprobung eines erweiterten KMS		108
6.	**Die Entwicklungsschleife**		109
6.1	Schritt 5: Untersuchen		110
6.1.1	Arbeit mit der Pilotgruppe		111
6.1.2	Workshop-I-Analyse		111
6.1.3	Einstieg und Einführung in das Thema		113
6.1.4	Untersuchen der Spannungsfelder		116
6.1.5	Identifizieren der Konfliktfelder		118
6.1.6	Berechnen der Konfliktkosten		119
6.1.7	Untersuchen der bisherigen Formen der Konfliktregelung		120
6.1.8	Die A-B-Übung mit dem Hexagon		125
6.2	Schritt 6: Systemdesign		128
6.2.1	Workshop-I-Systemdesign		128
6.2.2	Arbeiten mit der MEDIUS-Modell-Matrix		130
6.2.3	Erarbeiten der Ablaufstruktur für ein Systemdesign		132
6.2.4	Systemsteuerung für ein Systemdesign		133
6.2.5	Die Erarbeitung einer Umsetzungsstrategie		134

6.2.6   Vorbereiten der Präsentation zur Entscheidung 138
6.3   Schritt 7: Entscheiden 139
6.3.1   Meilenstein 3: Entscheiden über das Modell 139
6.3.2   Entscheidungsvorlage 140
6.4   Schritt 8: Design 141
6.5   Schritt 9: Interne MediatorInnen ausbilden 145
6.5.1   Auswählen der internen MediatorInnen und Konfliktlotsen 152
6.6   Schritt 10: Handbuch Konfliktmanagement 153
6.7   Schritt 11: Erproben 156
6.7.1   Meilenstein 4: Der Beschluss zur Implementierung des KMS in
         der Organisation 161

7   **Die Integrationsschleife** 163
7.1   Schritt 12: Verankern 165
7.2   Schritt 13: Struktur schaffen 166
7.3   Schritt 14: Qualifizieren und betreuen 169
7.4   Schritt 15: Dokumentieren und evaluieren 172

8.   **Ausblick** 173

9.   **Der Autor** 175

10.   **Literaturverzeichnis** 177

11.   **Sachwortverzeichnis** 181

Vorwort

Theoretiker wie Praktiker sind sich in der Prognose einig, dass in den nächsten Dezennien Change-Management und Konfliktmanagement zu den wichtigsten Führungsaufgaben gehören werden. Denn die Welt wird keineswegs überschaubarer, die Turbulenzen werden nicht weniger und die Spannungen nicht geringer. Ob eine Organisation diese Herausforderungen meistern kann, wird von ihrer Innovationsfähigkeit und Konfliktfestigkeit abhängen. Wie kann dies erreicht werden?
Die Erfahrungen mit dem Konfliktmanagement-Systemdesign, wie sie Kurt Faller in diesem Buch vorstellt, bieten dafür besondere Unterstützung. Im Systemdesign geht es um die Synthese von Organisationsentwicklung (OE) mit der modernen Mediation in einer professionellen Prozessberatung.
In den Aufbaujahren nach dem Zweiten Weltkrieg hat OE wesentlich dazu beigetragen, dass Unternehmen, Krankenhäuser, Institute der Forschung und Lehre, öffentliche und private Dienstleistungsunternehmen usw. mit den Anforderungen des politischen, gesellschaftlichen, kulturellen, wirtschaftlichen und technologischen Wandels erfolgreich umgehen konnten. Indem durch OE die Mitarbeitenden in die Veränderungsprozesse ihrer Organisation aktiv eingebunden wurden, konnten die Herausforderungen besser bewältigt werden als mit Expertenberatung. Durch Veränderungsprojekte kamen aber auch bislang verborgen gebliebene Konflikte ans Tageslicht. Und trotz umsichtigen Vorgehens formierte sich Widerstand gegen Veränderungen. Begleiter der Organisationsentwicklung waren also gefordert, diese Konflikte als Signale für bisher übersehene Probleme anzuerkennen und zu nutzen. So entwickelten sich gleichzeitig Organisationsentwicklung und Konfliktmanagement als Zwillingsgeschwister der Prozessberatung.
Dazu kam die Entwicklung der modernen Mediation, als in die klassischen Vermittlungskonzepte und -praktiken der Diplomatie neuere Erkenntnisse der Kommunikationswissenschaft, der Psychologie und Psychotherapie wie auch der Neurophysiologie einflossen. Nachdem sich Mediation bei der Bearbeitung überschaubarer zwischenmenschlicher Konflikte – z. B. zwischen einigen wenigen Personen oder bei Ehescheidungen – bewährt hatte, wurde sie immer mehr in komplexeren sozialen Situationen angewandt. Und allmählich auch für Konfliktmanagement in Organisationen.

Change-Management

Organisationsentwicklung

Prozessberatung

Solche Ansätze von kurativer Mediation – d.h. zur Lösung bereits fort-geschrittener Konflikte – erwiesen sich zwar als hilfreich, doch es be-stand die Gefahr, dass es bei „Feuerwehraktionen" blieb, um bei aku-ten destruktiven Spannungen Schlimmeres zu verhindern. Oft wurde nachher nicht nach den organisationalen Hintergründen gefragt, die zu den Konflikten beigetragen hatten. Mediation kann aber in Verbindung mit Organisationsentwicklung nicht nur kurativ, sondern auch präventiv eingesetzt werden. Denn Konflikte in einer Organisation sind oft unüberhörbare Signale, die hinweisen auf Ungereimtheiten in der Aufbau- oder Ablauforganisation, auf mangelhafte Funktions-definitionen oder widersprüchliche Strategien, auf unzureichende materielle Mittel oder unzweckmäßige Regelungen u. dgl. Wenn bei einer Mediation die menschlichen Beziehungen entstört werden, ohne dass die organisationalen Konfliktpotenziale aufgegriffen und bearbei-tet worden sind, können die ungelösten Spannungen bei anderen Menschen immer wieder als Konflikte auftreten.

Aufbau- / Ablauf-organisation

Die Signalfunktion von Konflikten wird erst dann gut genutzt, wenn im Zuge einer Organisationsmediation auch die bestehenden (vielleicht versteckten) Konfliktpotenziale bearbeitet werden. Damit wandelt sich eine Organisationsmediation Schritt für Schritt zu einer mediativen Organisationsentwicklung mit nachhaltig positiven Wirkungen.

Kurt Fallers Systemdesign geht noch einen Schritt weiter, weil es kura-tives und präventives Konfliktmanagement verbindet. Wenn die Erfah-rungen mit dem bisherigen Konfliktmanagement mit den Beteiligten reflektiert werden, führt dies zu Einsichten, wie Spannungen und Kon-flikte in einer Organisation in einem frühen Stadium von den Mitarbei-terinnen und Mitarbeitern erkannt und eigenverantwortlich bearbeitet werden können. Dafür sind in erster Linie die Führungskräfte gefordert, und deshalb werden sie bei Analysen und am Entwurf eines Konflikt-managementsystems beteiligt und überdies selbst in mediativem Führungsverhalten geschult. Zusätzlich werden mit „Konfliktlotsen", „Konfliktnavigatoren", „Konfliktcoaches" usw. spezielle Funktionen geschaffen und in das Managementsystem integriert.

Konfliktlotsen, Konflikt-navigatoren, Konfliktcoaches

Weil Systemdesign bei der Entwicklung und Implementierung eines integrierten Konfliktmanagements im Sinne der Organisationsentwick-lung partizipativ vorgeht, werden die Menschen in der Organisation durch Systementwicklung befähigt, Schöpfer ihrer eigenen Strukturen, Verfahren und Institutionen zu sein und diese laufend zu überprüfen und zu verbessern.

Wenn mit solchem Systemdesign eine Organisation konfliktfest wird, kann sie sich vielfältigen Herausforderungen erfolgreich stellen.

Salzburg, im Januar 2014   *Friedrich Glasl*

Einleitung

Um in einer komplexer und unsicherer werdenden Welt zu bestehen, müssen Unternehmen, Verwaltungen und Institutionen sozialer Dienstleistungen in der Lage sein, mit unerwarteten Bedrohungen und Konflikten konstruktiv umzugehen. Und je stärker der Druck für Veränderung und Umstrukturierung ist, um so mehr Konflikte gibt es. Dabei ist das Entstehen von Konfliktsituationen oft nicht zu beeinflussen. Sehr wohl zu beeinflussen ist aber die Art und Weise, wie die Organisation mit den Konflikten umgeht.

Veränderungsdruck

„Eine konstruktive Bewältigung von strukturellem Wandel erfordert deshalb die Ausprägung einer entsprechenden Konfliktkultur" (Nagel/Wimmer 2009:86).

Konfliktkultur

Systemdesign entwickelt Formen und Strukturen für eine Bewältigung dieser Zukunftsaufgabe. So werden durch ein bewusst gestaltetes und erweitertes Konfliktmanagementsystem Konflikte früher erkannt und gezielter erfasst. Dadurch können sie niedrigschwellig, sachlich und interessensorientiert bearbeitet werden. Konflikte sind dann nicht mehr in erster Linie ein Faktor für Wertevernichtung, sondern ein Faktor für Lernen und Wachsen der Organisation.

Konfliktfestigkeit in einem Unternehmen bedeutet nicht, dass es keine Konflikte mehr gibt, sondern dass die Organisation über Strukturen und Abläufe verfügt, mit denen auftretende Konflikte konstruktiv und zukunftsorientiert gelöst werden können. Ein Unternehmen, das im Innern gut mit Schwierigkeiten umgehen kann, kommt auch mit unsicheren und unwägbaren Entwicklungen im Umfeld besser zurecht. Insofern ist Systemdesign als die Disziplin der Erarbeitung von Konfliktmanagementsystemen auch Teil der Strategieentwicklung einer Organisation. Ein zukunfts- und lernorientiertes Konfliktmanagement ist eine bedeutsame und noch weitgehend ungenutzte Ressource für eine Weiterentwicklung der Unternehmenskultur.

Strategieentwicklung, Organisationskultur

Als Systemdesign bezeichnen wir den Entwurf eines durch mediative Elemente erweiterten Konfliktmanagementsystems und den Prozess der Erarbeitung und Implementierung. Systemdesign ist auch die Kunst, in enger Kooperation von internen Verantwortlichen und externen Systemdesignern ein für die jeweilige Organisation passgenaues Design zu entwickeln. In der Verbindung von Mediation und Organisationsentwicklung präsentiert sich Systemdesign als eine neue Bera-

Mediation, Organisationsentwicklung

tungsdisziplin. MediatorInnen und OrganisationsberaterInnen werden in einer vertiefenden Ausbildung zu Systemdesignern.

Dieses Buch richtet sich daher an:

- Führungskräfte in Unternehmen, Verwaltungen und Einrichtungen der sozialen Dienstleistung, die ihre Organisation konfliktfest machen wollen,
- interne Verantwortliche in Personal- und Rechtsabteilung, die das bestehende Konfliktmanagement effektiver gestalten wollen,
- Betriebs- und Personalräte, die sich für ein konstruktives und gesundheitsförderliches Arbeitsklima engagieren,
- OrganisationsberaterInnen, die Veränderungsprozesse in Unternehmen begleiten, und
- MediatorInnen, die das Feld ihrer Arbeit erweitern wollen.

Systemdesign – die Entwicklung und Implementierung von Konfliktmanagementsystemen – erfordert eine enge Verbindung von Theorie und Praxis. Deshalb ist die inhaltliche Darstellung in diesem Buch immer mit Beispielen aus der praktischen Arbeit verbunden.

Managementkonzepte In Kapitel 1 wird dargelegt, welche Bedeutung Konfliktmanagement für moderne Managementkonzepte hat und welche Anforderungen an ein professionelles Konfliktmanagement zu stellen sind.

Der Weg zum Systemdesign in Kapitel 2 geht von den US-amerikanischen Erfahrungen über ein umfassendes Konzept der innerbetrieblichen Konfliktbearbeitung aus.

Dieses Konzept beruht auf 3 Prinzipien:

1. Von der personenorientierten zur organisationsorientierten Mediation
2. Vom klassischen Setting der Mediation zur systemischen Konfliktbearbeitung in Organisationen
3. Von der Konfliktbearbeitung zum Konfliktmanagement in Organisationen

Auftragsgesaltung An einem konkreten Fall werden die Anwendung der Konflikt-Triade, des MEDIUS-Werkzeugkastens mit den 12 Techniken für die innerbetriebliche Konfliktbearbeitung, die kooperative Auftragsgestaltung und die Schritte der Erarbeitung des Settings der Konfliktbearbeitung erläutert.

In Kapitel 3 werden die Elemente eines Systemdesigns – die Aufbau- und Ablaufstruktur und die Systemsteuerung – vorgestellt. Den **Betriebsvereinbarung** Abschluss bildet der Entwurf einer Betriebsvereinbarung für ein Konfliktmanagementsystem.

In Kapitel 4–7 wird anhand der Systemdesignschleife Schritt für Schritt gezeigt, wie ein mit mediativen Aspekten erweitertes Konfliktmanagementsystems entwickelt und in die Organisation implementiert wird. In drei Schleifen für (1) den Auftrag, (2) die Entwicklung und (3) die Integration wird der Prozess der Entwicklung und Implementierung eines Konfliktmanagementsystems in 15 Schritten detailliert mit vielen Instrumenten und praktischen Beispielen dargestellt.

Dieses Buch ist in den letzten 5 Jahren aus den vielfältigen Erfahrungen in Praxis und Lehre entstanden. In der Beratung von Unternehmen und Organisationen in unterschiedlichen Branchen und Organisationskulturen ergaben sich immer wieder neue Fragen. Dafür mussten praktische Lösungen gefunden werden. Die Vermittlung in der Ausbildung erforderte wiederum ständige Reflexion und theoretische Fundierung der praktischen Erfahrungen. Für den Autor ein ständiger Prozess des Lernens und der Weiterentwicklung. Alle in diesem Buch vorgestellten Instrumente und Techniken sind vielfach praktisch erprobt und in kollegialer Beratung reflektiert. Dabei bedanke ich mich vor allem bei meiner Frau und Kollegin, Dorothea Faller, für ihre ständige Unterstützung und ihre große Geduld.

Mein Dank gilt auch Friedrich Glasl, der die Entstehung dieser Arbeit als Lektor und Herausgeber intensiv begleitet hat.

Münster, Januar 2014   *Kurt Faller*

Stress in der Halle

„Gut, dass die Konfliktlotsen Alarm geschlagen haben. Es ist eindeutig fünf vor 12 in der Halle, das wird nicht mehr lange gut gehen", meinte Frau Heller zu ihrem Kollegen Michael Abel.

Viele Jahre war es in der Firma sehr friedlich zugegangen – wieso kam es seit einiger Zeit immer wieder zu heftigen Konflikten? Warum war Konfliktmanagement auf einmal so wichtig?

Die Halle, so nannten sie in der Firma „Webermetall GmbH", einem Metallbetrieb mit 1500 Beschäftigen, die große Produktionshalle. Mit rund 300 Metern Länge und 100 Metern Breite und einer freitragenden Dachkonstruktion mit viel Glas war sie eindeutig das Zentrum der „Webermetall GmbH". Die Halle war hell und freundlich mit „grünen Inseln" als Treffpunkte gestaltet, ansonsten ein Gewirr von unterschiedlichsten Hightech-Maschinen zur Metallbearbeitung. Für diese Arbeitsplätze die besten räumlichen Bedingungen zu schaffen, war die Vorgabe des Seniorchefs, Josef Weber, beim Neubau der Fabrikanlagen vor 18 Jahren gewesen. Die Verwaltungsgebäude daneben wirkten relativ bescheiden. Beeindruckend in der Halle waren auch die „Glaskästen" an einer Seite der Halle, in denen sich die Büros der Projektmanager befanden. Diese Büros waren erst in den letzten vier Jahren eingebaut worden und erstreckten sich fast über die gesamte Länge der Halle.

Die Büros und die rasant gewachsene Anzahl von über 100 Beschäftigten im Projektmanagement waren Ausdruck der erfolgreich veränderten Unternehmenspolitik in den letzten 5 Jahren. Früher waren nur Produktionsmaschinen und einige kleinere Meister-Büros in der Halle. Die Firma, in den 60er-Jahren von Josef Weber als kleiner Metallbetrieb gegründet, war durch ihre festen Verbindungen zu einem großen Autokonzern kontinuierlich gewachsen. Seit Ende der 90er-Jahre waren die Zeiten problematischer geworden. Die Arbeitskontrakte wurden schwieriger, die Bedingungen wurden auf allen Ebenen verschärft. Eine neue Managergeneration im Automobilkonzern schien nur noch auf das Geld zu schauen. Die langjährige gute und erfolgreiche Zusammenarbeit zählte nicht mehr. 2005 übernahm Josef Webers Sohn, Manfred Weber, die Geschäftsführung und begann nach Alternativen zu dieser einseitigen Abhängigkeit zu suchen. In einem intensiven Prozess, in den die gesamte Führungsebene bis zu den Meistern und auch der Betriebsrat einbezogen waren, konzentrierte sich die Diskussion darauf, wie man die Kernkompetenz des Unternehmens, Metallbauteile von mittleren bis kleinsten Größen in höchster Präzision herzustellen, noch besser umsetzen könne. Daraus entstand die Idee, sich nicht nur auf die Automobilindustrie, sondern ebenso auf die in der Region ansässige Maschinenbauindustrie zu konzentrieren. Denn auch dort hatten sich die Schwerpunkte verschoben. Seit immer mehr Elektronik in die Maschinen eingebaut wurde, verlagerte sich die Eigenproduktion in diese Richtung. Viele Firmen der Maschinenbauindustrie waren dazu übergegangen, Metallbauteile zuzukaufen. Langsam begann die Firma, einzelne Aufträge aus diesem Bereich einzuholen.

Wie richtig dieser Weg war, zeigte sich in der Wirtschaftskrise. Von einem Tag auf den anderen wurde ein großer Teil der Aufträge des Autokonzerns storniert. Viele Maschinen standen still, und es musste Kurzarbeit eingeführt werden. Jetzt zahlten sich die längerfristigen Überlegungen aus. Nach dem ersten Schock beschloss die Geschäftsführung, das neue Standbein konsequent auszubauen. Da schon vieles vorbereitet war, konnten schnell qualifizierte Angebote gemacht werden. Als eine Reihe von Mitbewerbern als Zulieferfirmen vom Markt verschwand, gewann die Firma einen interessanten Auftrag nach dem andern.

Die Erleichterung schlug aber schnell in Klagen wegen Überlastung um, als nach einiger Zeit die alten Aufträge zurückkamen. So interessant es für die Arbeiter an den Maschinen auch gewesen war, sich mit den unterschiedlichen „kleinen" Aufträgen zu befassen, die großen Aufträge mit hohen Stückzahlen und langen Laufzeiten brachten wieder Ruhe in die Arbeit und vor allem Geld. Denn sie wurden nach Leistung bezahlt.

Jetzt begannen die vielen neu eingestellten Projektmanager mit ihren Sonderwünschen zu nerven. Denn die Anforderungen der Kunden aus den Maschinenbaufirmen waren sehr hoch, die Stückzahlen klein und daher mit hohen Umrüstzeiten verbunden. Die Projektmanager, deren Hauptaufgabe es war, die Kunden zufriedenzustellen und neue Aufträge zu gewinnen, beschwerten sich über die sinkende Kooperationsbereitschaft der Kollegen an den Maschinen.

Die Personalchefin, Frau Engler, verfolgte die Verschlechterung des Arbeitsklimas und des Umgangs in der Halle mit Sorge. Nach einigen Recherchen schlug sie der Geschäftsführung vor, für die Halle ein Konfliktmanagementsystem einzurichten, mit dem die häufig auftretenden Spannungen früher erkannt und möglichst schnell ausgeräumt werden sollten. Vor allem wollte man verhindert, dass es zu einer generellen Auseinandersetzung der beiden Gruppen kam. Davon überzeugte sie auch den Betriebsrat.

Der Beschluss wurde gefasst und eine Beratungsgesellschaft für Mediation und Systemdesign beauftragt. Mit einer Pilotgruppe, in der alle relevanten Gruppen vertreten waren, einigte man sich auf ein passendes Modell. Dieses war nicht nur für die Halle, sondern für alle Bereiche gedacht. In drei Kursen wurden etwa 50 Personen als Konfliktlotsen ausgebildet, die als Ansprechpartner vor Ort für die Konfliktberatung zur Verfügung stehen und bei kleineren Kontroversen auch Klärungsgespräche führen sollten.

15 Personen aus unterschiedlichen Bereichen erhielten eine zusätzliche Ausbildung als interne Mediatoren. Sie gehörten zu einem Mediatoren-Pool, der von einer Koordinierungsstelle bei der Personalentwicklung betreut und eingesetzt wurde.

Eine Konfliktkommission, der neben einem Vertreter der Personalabteilung auch je ein Vertreter des Betriebsrats und des Qualitätsmanagements angehören, beobachtet die Entwicklung, entscheidet über umfangreichere Bearbeitungen und wertet die Ergebnisse der getroffenen Maßnahmen aus.

Und Frau Heller und Herr Abel waren nun zu einer Sitzung der Konfliktkommission unterwegs. Die Sitzung war schon länger vereinbart, und zusätzlich waren Frau Engler und Frau Tanklage, die Mediatorin und Trainerin, die die internen Mediatoren ausgebildet hatte und die Kommission seither begleitete, eingeladen. Thema war die Diskussion über Maßnahmen wegen der Verschlechterung des Arbeitsklimas in der Halle. Die Konfliktlotsen hatten bereits seit längerer Zeit darauf hingewiesen, dass die Kooperation zwischen den Arbeitern an den Maschinen und den Projektmanagern zunehmend schwieriger wurde. Bisher war es durch ihren Einsatz gelungen, kleinere Streitigkeiten und Stressreaktionen in der täglichen Arbeit auszugleichen. Jetzt aber reichte das nicht mehr.

Paradoxerweise hing das Problem mit der Tatsache zusammen, dass die Firma so erfolgreich war wie nie zuvor. Es war fast unmöglich, auf dem Arbeitsmarkt geeignete Fachkräfte und Ingenieure zu gewinnen. Diese wurden aber dringend gebraucht, um die Aufträge, deren Zahl weiterhin stieg, abzuarbeiten. Verschiedene Versuche, das Problem zu lösen, waren gescheitert. Bisher hatten die meisten Beschäftigten sich bereit erklärt, mehr zu arbeiten, bis weitere Fachkräfte eingestellt würden.

Frau Heller und Herr Abel, die als Ingenieure in der Planungsabteilung arbeiteten und eine Ausbildung als interne Mediatoren hatten, waren daher von der Kommission in ihrer letzten Sitzung beauftragt worden, Gespräche in der Halle zu führen und einen Vorschlag für die Vorgangsweise auszuarbeiten. Mit diesem Vorschlag waren sie auf dem Weg zur Kommission.

1. Vom Entweder-oder zum Sowohl-als-auch

Die Namen der Firma und der Personen in dieser Eingangsdarstellung sind selbstverständlich geändert, aber die Themen sind aktuell. Und sie betreffen nicht nur diesen Betrieb. Denn Unternehmen müssen heute in einem Umfeld agieren, das nicht wirklich durchschaubar und ständig in Bewegung ist. „Sie müssen sich an einer Zukunft orientieren, die ungewiss ist und bleibt" (Nagel 2009: 1).

1.1 Hohe Unsicherheit und hohe Komplexität

Komplexität

Der Münchner Organisationsberater Klaus Doppler nennt 5 Rahmen-bedingungen, die heute das unternehmerische Handeln und das inner-betriebliche Management herausfordern:
1.   *Innovationssprünge in der Informatik und der Telekommuni-kation*
Computer, Internet und moderne Telekommunikation haben die betriebliche Realität grundlegend verändert. Jede technische Innova-tion wirkt sich direkt auf die betrieblichen Abläufe aus und beeinflusst die tägliche Arbeit und die interne Kommunikation.
2.   *Verknappung der Ressource Zeit*
Die technologischen Entwicklungen führen zu einer Beschleunigung aller Prozesse. Es muss alles in immer kürzerer Zeit erledigt werden.
3.   *Interkulturelle Zusammenarbeit*

Interkulturelles

Die zunehmend internationale Vernetzung erfordert den kompetenten Umgang mit verschiedensten Kulturen und unterschiedlichen Denk- und Verhaltensmustern.
4.   *Verknappung der Ressource Geld*
Insbesondere nach der Finanzkrise ist es für Unternehmen schwerer geworden, Kredite zu bekommen, die Euro-Krise belastet die Staats-haushalte, und die Begrenztheit der natürlichen Ressourcen verteuert die Grundstoffe.
5.   *Dramatische Steigerung der Komplexität*
„Technische, ökonomische, politische und gesellschaftliche Prozesse beeinflussen sich gegenseitig und entwickeln ihre Eigendynamik. Es kommt zu ‚Kipp-Effekten', und von heute auf morgen hat sich ein bisher realistisches Szenario in sein Gegenteil verwandelt" (Doppler/ Lauterburg 2002: 36).

Gesamthaft ist festzustellen, dass in den letzten 10 Jahren in Unternehmen eine Verschiebung von der Innen- zur Außenorientierung stattgefunden hat. Die Überlegungen und Maßnahmen zur inneren Stabilisierung werden immer häufiger durch Entwicklungen von außen beeinflusst. Veränderungen im Markt, eine Naturkatastrophe oder politische Veränderungen schaffen neue Bedingungen. Aktivitäten an einem Ort führen zu Wirkungen in weit entfernten Gegenden. Eindeutigkeiten verschwinden, und in der Vergangenheit bewährte Konzepte greifen nicht mehr. Hohe Unsicherheit und hohe Komplexität sind die Rahmenbedingungen, mit denen Unternehmen heute umgehen müssen, in denen sie Entscheidungen treffen und ihr Überleben gestalten müssen. „Im Übergang zu einer anderen, reflexiven Moderne stehen die Institutionen vor der Herausforderung, eine neue Handlungs- und Entscheidungslogik zu entwickeln, die nicht mehr dem Prinzip des ‚Entweder-oder', sondern dem Prinzip des ‚Sowohl-als-auch' folgt. Entscheidungen bedürfen neuer Begründungen und Verfahren", schreibt Beck (2004: 9) treffend.

1.2   Das Unerwartete managen

Diese Notwendigkeit, neue Begründungen und neue Verfahren zu entwickeln, hat sich auch als eine große Chance zur Weiterentwicklung des Denkens im Bereich Management und Organisationsentwicklung erwiesen. Hier nur einige Beispiele, die für die Entstehung der Systemdesign-Schleife zur Entwicklung von Konfliktmanagementsystemen wichtig waren.

Es sind Autoren wie Edgar Schein, Peter Senge oder Otto Scharmer, die am Massachusetts Institute of Technology (MIT), der wohl größten Managementschule der Welt, arbeiten. Ed Schein hat mit seinen Büchern „Organisationskultur" und „Prozessberatung für die Organisation der Zukunft" (2003) Grundlagen geschaffen für ein verändertes Herangehen in Entwicklungsprozessen. Er macht deutlich, dass die Haltung das Entscheidende ist, um sich auf neue Situationen einlassen und als Berater eine „helfende Beziehung" aufbauen zu können.

Mit seinem Mitte der 90er-Jahre erschienenen Buch „Die fünfte Disziplin" hat Peter Senge (1996) einen Ansatz zur Entwicklung einer „lernenden Organisation" vorgelegt, um die Kunst zu erlernen, „den Wald und die Bäume zu sehen" und die Muster zu erkennen, die den Weg der Organisation bestimmen.

Otto Scharmer hat mit seiner „Theorie U" (2009) ein Modell vorgelegt, wie man „von der Zukunft her" führen kann.

Die große europäische Managementschule in St. Gallen hat sich ebenfalls auf die neue Situation eingestellt. Johannes Rüegg-Stürm nennt

<!-- Marginalien: Organisationskultur | Theorie U -->

als Stichworte für das neue St. Galler Modell „Management als Komplexitätsbewältigung" und die gewachsene Bedeutung des „Management von sozialen Prozessen" (Rüegg-Stürm 2003: 6 f.).

St. Galler Modell

Ähnlich sehen dies noch andere Managementkenner. „Ein erfolgreiches Management des Unerwarteten ist ein achtsames Management des Unterwarteten", schreiben Karl E. Weick und Kathleen M. Sutcliffe in ihrem Buch „Das Unterwartete managen" (Weick/Sutcliffe 2007:14). Karl Weick hat schon Ende der 60er-Jahre eines der bedeutendsten Managementbücher, „Der Prozess des Organisierens", verfasst und sich in den letzten Jahren mit Studien über HROs (High Reliability Organisations) – also Organisationen, in denen „das Potenzial für Fehler und Katastrophen enorm hoch" ist – befasst. In diesen Organisationen, die unbedingt zuverlässig funktionieren müssen und bei denen jeder Fehler fatale Folgen hätte, hat er Handlungsweisen und Führungsmethoden entdeckt, die diese in die Lage versetzen, mit Unsicherheit und Komplexität umzugehen.

High Reliability Organisation

Aus dieser Forschung haben Weick/Sutcliffe 5 Prinzipien entwickelt, die sie als Achtsames Management bezeichnen.

Diese Prinzipien sind:

Achtsames Management

1. *Konzentration auf Fehler*
In HROs wird auf Fehler, auch auf kleine, geachtet, um daraus zu lernen. Diese Fehlerkultur bewahrt die Organisation davor, in Selbstzufriedenheit und Routine abzugleiten.

2. *Abneigung gegen vereinfachende Interpretationen*
Diese Unternehmen gehen von der systemischen Grundhaltung aus, dass die Prozesse und Umweltbedingungen, mit denen sie zu tun haben, komplex, unbeständig, oft unbegreiflich und unvorhersehbar sind. Daher versuchen sie, möglichst viele Informationen zu gewinnen und eine umfassende Wahrnehmung zu entwickeln.

3. *Sensibilität für betriebliche Abläufe und Beziehungen*
Weick betont den engen Zusammenhang zwischen der Sensibilität für betriebliche Abläufe und der Sensibilität für Beziehungen. Denn ob und welche Informationen im Unternehmen weitergegeben werden, hängt von der Qualität der Arbeitsbeziehungen ab. „Wenn Manager nicht untersuchen wollen, was zwischen den Menschen in ihren Unternehmen vor sich geht, werden sie nie verstehen, was in diesen Menschen vorgeht" (Weick/Sutcliffe 2007: 26).

Ablaufsensibilität

4. *Streben nach Flexibilität*
„Flexibilität", schreibt Weick (2007: 27), „ist eine Mischung aus der Fähigkeit, Fehler frühzeitig zu entdecken, und der Fähigkeit, das System durch improvisierte Methoden am Laufen zu halten. Beide Formen der Beweglichkeit erfordern, dass man die Technik, das System, die Kollegen, sich selbst und die Ressourcen sehr gut kennt."

Flexibilität

5.   Respekt vor fachlichem Wissen und Können

Diese Haltung drückt sich in der alltäglichen Arbeit in diesen Organisationen aus. HROs unterscheiden zwischen normalen Zeiten, stürmischen Phasen und unvorhergesehenen Ereignissen und signalisieren deutlich, in welchem Modus sie gerade operieren. Wenn alles normal läuft, kommen Entscheidungen von oben. Wenn es stürmischer wird, „wandern" die Entscheidungen zu den Experten vor Ort, und bei Krisen tritt ein festgelegter Maßnahmenkatalog in Kraft.

Achtsamkeit

Die Beachtung dieser Prinzipien verändert die Haltung zur Arbeit und die Arbeit selbst. Weick/Sutcliffe definieren Achtsamkeit folgendermaßen (2007: 55 f.): „Mit Achtsamkeit meinen wir das Zusammenspiel verschiedener Momente: Die bestehenden Erwartungen werden laufend überprüft, überarbeitet und von Erwartungen unterschieden, die auf neueren Erfahrungen beruhen; es besteht die Bereitschaft und die Fähigkeit, neue Erwartungen zu entwickeln, durch die noch nie dagewesene Ereignisse erst verständlicher werden. Ferner gehört dazu eine besonders nuancierte Würdigung des Kontextes und der darin enthaltenen Möglichkeiten der Problembewältigung sowie das Ausloten neuer Kontextdimensionen, die zu einer Verbesserung des Weitblicks und der laufenden Arbeitsvorgänge führen."

Diese Prioritäten sind auf alle Organisationen übertragbar. Sie bedingen allerdings eine veränderte Haltung des Managements und eine Veränderung der Organisationskultur. Diese Ansätze repräsentieren ein neues Denken zu den Themen Management, Führung und Veränderungsprozesse, die getragen werden von einer gewissen Demut (im Gegensatz zu der nach wie vor gängigen Forderung, immer alles im Griff haben zu müssen), von Respekt vor der Komplexität und Unwägbarkeit gesellschaftlicher und wirtschaftlicher Prozesse und von Wertschätzung gegenüber MitarbeiterInnen und Kunden.

Diese reflektierte, auf Nachhaltigkeit bedachte Herangehensweise ist sehr gut mit einer Haltung in der Wirtschafts- bzw. Organisationsmediation zu verbinden, die sich von engen und formalen Postulaten verabschiedet hat und sich den gesellschaftlichen und wirtschaftlichen Realitäten stellt. Wenn Management auf Mediation trifft, entsteht Nutzen für beide Seiten. Die Mediation muss sich neu mit den bisher

Macht

gemiedenen Themen Macht, Führung und Steuerung von Unternehmen befassen und kann sich dadurch neue Arbeitsfelder erschließen. Die Managementlehre, die vor der Frage steht, wie ihre theoretischen Ansätze in schwierigen Situationen in die Praxis der Organisation umgesetzt werden können, kann von der Mediation profitieren. Denn Mediation lebt von ihren praktischen Erfahrungen in der Analyse, Strukturierung und Bearbeitung komplexer Konfliktsituationen. Die

Beschäftigung mit Mediation eröffnet Führungskräften Zugänge zu einem anderen Denken und vermittelt ihnen gleichzeitig konkretes Handlungswissen in kritischen und konfliktgeladenen Alltagssituationen.

Mediation

1.3 Konfliktmanagement

„Zeiten der Veränderung sind Zeiten der Mediation", schreibt der Schweizer Mediator Joseph Duss-von Werdt in seiner europäischen Geschichte der Mediation (Duss-von Werdt 2005: 31). Er zeigt an vielen Beispielen auf, dass Verhandlung und Vermittlung immer dann eine besondere Rolle spielten, wenn sich die gesellschaftlichen, kulturellen, politischen, wirtschaftlichen und technologischen Rahmenbedingungen veränderten und die Routinen im Umgang miteinander nicht mehr funktionierten. Dies zeigt auch ein Blick auf das bestehende Konfliktmanagement in Unternehmen. Die eingeübten und lange erprobten Routinen des Umgangs mit schwierigen Situationen zerbröseln unter der Menge der Konfliktsituationen. Dabei hängen Zahl und Dynamik von Konflikten auch davon ab, wie stark das Umfeld in Bewegung ist und wie viele neue oder noch unbekannte Faktoren die Arbeit beeinflussen.

Dies alles hat Auswirkungen auf das bestehende Konfliktmanagement:
- Zunahme der Konflikte
- Zunahme der Konfliktkosten
- Überlastung der Führungskräfte
- Überforderung der klassischen Konfliktanlaufstellen
- Zunahme der Kosten der Streitbeilegung
- Unterschiedliche Verfahren der Konfliktlösung

Konfliktkosten

*Konflikt-
anlaufstellen*

Bei einer konkreten Beschäftigung damit, wie mit Konflikten in Organisationen umgegangen wird – dem bestehenden Konfliktmanagement in Organisationen –, werden mehrere Faktoren deutlich:

1. Zunahme der Konflikte und der Konfliktkosten
Wenn die These von Doppler/Lauterburg: „Insgesamt kann man davon ausgehen, dass durch Schließung, Rationalisierung und Arbeitsexport 30 bis 40 Prozent der heutigen Arbeitsplätze mittelfristig gefährdet sind" (Doppler/Lauterburg 2002: 33), auch nur teilweise Realität wird, kann man sich leicht vorstellen, welche Auswirkungen diese Entwicklung auf das Arbeitsklima hat. Die Sorge um die eigene Zukunft beherrscht das Denken. Gleichzeitig kann sich das gesamte Unternehmen in diesen Umwelten nur behaupten, wenn die interne Kooperation verstärkt wird und gemeinsam neue Ideen und Produkte entwickelt werden. Wenn dieser Prozess nicht beachtet und nicht bewusst gestal-

Konfliktkosten-
studie

Konflikt-
anlaufstellen

Sozialpartner

Betriebsrat

tet wird, häufen sich die Konflikte, und durch die Probleme in der Zusammenarbeit steigen die Konfliktkosten ins Unermessliche. Die Beratungsfirma KPMG AG hat 2009 eine Konfliktkostenstudie vorgelegt, die diese Zunahme von Konflikten und deren Kosten belegt: „10 bis 15 Prozent der Arbeitszeit in jedem Unternehmen werden für Konfliktbewältigung verwandt" (KPMG AG 2009: 20).

2.   *Überlastung der Führungskräfte*

Und für Führungskräfte stellt die KMPG-Studie fest (2009: 20): „30 bis 50 Prozent der wöchentlichen Arbeitszeit von Führungskräften werden direkt oder indirekt mit Reibungsverlusten, Konflikten oder Konfliktfolgen verbracht." Diese Aussage der Konfliktkostenstudie zeigt drastisch, wie stark Energie und Zeit von Führungskräften durch die Vergangenheit und die Bewältigung des Alltags gebunden sind und wie wenig Zeit für die sorgfältige Beobachtung relevanter Umfeldfaktoren und für die Entwicklung von Neuem bleibt.

3.   *Überforderung der klassischen Konfliktanlaufstellen und*
        Zunahme der Kosten der Streitbeilegung

Im bestehenden Konfliktmanagement spielen die klassischen Konfliktanlaufstellen – im Kern Personal- und Rechtsabteilung sowie der Betriebs- oder Personalrat – neben den Führungskräften eine zentrale Rolle bei der Regelung von Konflikten. In diesen Institutionen gibt es viele erfahrene Konfliktmanager. Es gibt erprobte und bewährte Routinen und geregelte Abläufe für die Klärung von Konflikten. Sie sind entsprechend den Bestimmungen des Betriebsverfassungsgesetzes geprägt durch die unterschiedlichen Interessen der Sozialpartner und die gemeinsame Verpflichtung für das Wohl des Betriebes. Trotz des Grundproblems, dass die bestehenden Systeme die Konflikte relativ spät und erst ab einer bestimmten Eskalationsstufe erfassen, sichert die Arbeit der klassischen Konfliktanlaufstellen in normalen Zeiten die Arbeitsfähigkeit in Teams und Abteilungen. Werden die Zeiten aber unruhiger und nehmen die Konflikte zu, wirken sich die späte Erfassung und die formalen Regeln der Bearbeitung belastend aus. Wenn dann zu den Konflikten noch der Streit über die Konflikte und über die Konfliktlösung (Glasl 2011: 33) zwischen den Sozialpartnern kommt, führt dies zu einer Blockade. So sagte in einer innerbetrieblichen Konfliktbearbeitung ein Mitarbeiter, er wolle auf keinen Fall, dass Personalabteilung oder Betriebsrat einbezogen würden, da er dann nicht mehr sicher sei, ob es noch um seine Themen gehe. Viele Vertreter des Personalmanagements und auch Betriebsräte spüren diese Problematik und bemühen sich, mediative Elemente in ihre Arbeit einzubeziehen.

4.   *Unterschiedliche Verfahren der Konfliktlösung*

Die Aufgaben und Abläufe in den Organisationen sind ebenfalls komplexer und vielfältiger geworden. Sie sind oft in der nach wie vor dominierenden Linien-Organisationsform nicht mehr adäquat durchzuführen. Daher haben die Unternehmen andere Organisationsformen in die Linienstruktur eingebaut. Es wurden Arbeitsgruppen, Projektgruppen, Steuerungsgruppen für Veränderungsprozesse und in manchen Bereichen matrixähnliche Strukturen entwickelt. Auf der Basis der vertikalen Grundstruktur haben sich unterschiedlichste horizontale Kooperationsformen entwickelt. Dadurch können viele Aufgaben schneller und vernetzt bewältigt werden.

Projekt-, Steuerungsgruppen

Matrix-Strukturen

Allerdings wird die Zusammenarbeit oft durch die unterschiedlichen Prägungen in den „Silos" behindert. Gerade bei Konflikten bestehen trotz der übergeordneten Regeln für die Organisations- bzw. Unternehmenskultur häufig sehr individuelle Formen des Umgangs mit Konflikten in den einzelnen Abteilungen. Diese Unterschiede sind um so größer, je weniger Konfliktmanagement ein Thema im Gesamtunternehmen ist. Wenn Mitarbeitende aus den unterschiedlichen Silos in den Arbeits- und Projektgruppen zusammentreffen und sich Probleme ergeben, treten diese Unterschiede konfliktverschärfend zu Tage. Andere Sichtweisen werden schnell als gegnerisch eingestuft und abgewertet. Dies führt häufig dazu, dass Projektgruppen ihre vorgegebenen Ziele nicht erreichen und hohe Folgekosten entstehen. Es lohnt sich für Unternehmen, Verfahren der Konfliktlösung zu vereinheitlichen und damit die neuen Arbeits- und Organisationsformen konfliktfester zu machen.

Organisationskultur

1.4 Kosten eines ungelösten Konflikts

Ein ungelöster Konflikt verursacht hohe Kosten, deren sich die Menschen in den seltensten Fällen voll bewusst sind. Zumeist werden die direkten und indirekten Kosten auch verborgen, um dafür nicht zur Verantwortung gezogen werden zu können. Zur Berechnung der Konfliktkosten haben sich einige Konzepte besonders bewährt.

Konfliktkosten

1.4.1 Der Ansatz von William Ury

In seinem grundlegenden Buch „Konfliktmanagement" hat Ury eine Grundlage für die Berechnung von Konfliktkosten entwickelt. So schreibt er (Ury 1991: 190): „Ziel des Buches ist es, Kosten einzusparen. Denken Sie nur an die durch sinnlose Auseinandersetzungen verschwendeten Stunden, die gewaltigen Ausgaben für Gerichtsverfahren und Streiks und die Belastung wichtiger Beziehungen. In Organisationen schlagen sich diese Kosten in Form von Produktionsverlusten und Leistungsabfall nieder. Dieses Buch handelt aber auch vom Gewinnen, und zwar davon, wie man das meiste aus Konflikten herausholt. Ein Konflikt ist eine ganz normale Erscheinung in jeder Beziehung oder

Organisation. Seine optimale Lösung lässt Menschen und Organisationen wachsen und sich verändern. (...) Spannung werden freigesetzt und Beziehungen gefestigt. Produktion und Leistung erhöhen sich."

Kategorien Konfliktkosten

Ury hat für die Berechnung von Konfliktkosten folgende Kategorien vorgeschlagen und damit wichtige Grundlagen geschaffen.

Konfliktkosten Erster Ordnung: aus dem Konflikt direkt entstandene Kosten:

– Materielle Schäden
– Arbeitszeit
– Bearbeitungszeit der damit befassten Stellen
– Ausgaben für Beratung oder juristische Auseinandersetzung

Konfliktkosten Zweiter Ordnung: aus dem Konflikt entstandene indirekte Kosten:

– Ausfälle
– Nicht erledigte Aufgaben
– Verlust von potenziellen Aufträgen
– Arbeitszeit im Team oder Umfeld

Konfliktkosten Dritter Ordnung: aus dem Konflikt langfristig entstehende Kosten:

Auswirkungen auf

Arbeitsklima

– das Arbeitsklima
– die Motivation der MitarbeiterInnen
– das Ansehen des Unternehmens

Veränderungs-prozesse

– notwendige Veränderungsprozesse

1.4.2 Die Konfliktkostenstudie der KPMG AG (Wirtschaftsprüfungsgesellschaft)

Im deutschsprachigen Raum wurde die Diskussion zur Berechnung von Konfliktkosten durch eine Reihe von Studien neu belebt. So veröffentlichte 2006 die Österreichische Wirtschaftskammer eine Studie: „Konfliktkosten – Neue Wege der Ergebnisverbesserung" http://www.wkw.at/docoextern/ubit/wirtschaftsmediatoren/Studie_Konfliktkosten.pdf

2009 erschien die Konfliktkostenstudie der KPMG AG – einer weltweit agierenden Wirtschaftsprüfungsgesellschaft. Die KPMG-ExpertInnen unterschieden 9 Konfliktkostenkategorien in 3 Dimensionen (Abb. 1-1).

Die Kostenübersicht zeigt deutlich, wie stark die Belastungen bei Problemen in Projekten und bei der Mitarbeiterfluktuation gestiegen sind.

Mitarbeiter-fluktuation

– Fehlzeiten aufgrund betrieblicher Ängste und Mobbing am Arbeitsplatz belasten Unternehmen jährlich mit rund 30 Mrd. Euro.

Kriterien der KPMG-Studie

Dimension Person

- Fluktuation
- Krankheit
- Kontraproduktives Verhalten

Dimension Team

- Kundenfluktuation
- Mängel in der Projektarbeit
- Entgangene Aufträge

Dimension Organisation

- Überregelung oder Unterregelung der Organisation
- Verbesserungsbedürftige Anreizsysteme
- Arbeitsrechtliche Sanktionen

Abb. 1-1: Kategorien von Konfliktkosten nach KPMG.

- Die Kosten pro Mobbingfall betragen im Durchschnitt 60 000 Euro.
- Fluktuationskosten, Abfindungszahlungen, Gesundheitskosten aufgrund innerbetrieblicher Konflikte belasten Unternehmen jährlich mit mehreren Milliarden Euro.

Funktionale und dysfunktionale Konfliktkosten (KPMG 2009: 11/12):
„Konflikte und die dadurch entstehenden Kosten sind jedoch nicht ausschließlich nachteilig für Unternehmen. Sie können unterteilt werden in Kosten, die für das Unternehmen

- *lohnend sind,* wenn dadurch eine Veränderung im Unternehmen erfolgt und sie damit als Investition in die Weiterentwicklung des Unternehmens gewertet werden können. Diese positiven oder unvermeidbaren Kosten werden als funktionale Konfliktkosten (fKK) bezeichnet. Ein Beispiel dafür sind Kosten für Teammeetings, die der Teambildung dienen, oder Kosten für die Bearbeitung eines Konfliktes über das Anreizsystem eines Unternehmens, wenn diese Konfliktbearbeitung zu einer künftig konfliktverminderten Verbesserung des Anreizsystems führt.
- *nachteilig, vermeidbar* oder ohne Wirkung im Sinne einer Veränderung oder Neuausrichtung sind. Diese dysfunktionalen Konfliktkosten (dKK) entstehen beispielsweise durch erhöhte Meetingkosten bei Verspätung einzelner Teilnehmer.“

Konflikt-
kategorien,
Kostenarten

1.4.3 Konfliktkategorien und Kostenarten

Zur konkreten Bestimmung der Konfliktkosten gibt es unterschiedliche Herangehensweisen.

Vergleichszahlen nach Kategorien

Durch langandauernde Konflikte können extreme Kosten entstehen: Fehlzeiten (z.B. durch psychosomatische Krankheiten) gemäß einer Studie des DGB 3/1997

- Kosten eines Fehltages im Schnitt 100–400 € pro Tag

Krankenstand

- 1% Krankenstand bei 1000 MA: 200 000 € pro Jahr
- 1% Krankenstand bei VW: rund 23,5 Millionen € pro Jahr
- Kosten für Fluktuation bei Sekretärin 12 500 €, qual. Facharbeiter 25 000 €, Führungskraft 200 000 €

Da die Beträge für Personal- und Sachkosten in jeder Branche unterschiedlich sind, könnten die Fachkräfte vor Ort entsprechend der KMPG-Kriterien die für das Unternehmen realistischen Zahlen zusammenstellen. Die Basis dieser Zahlen ist in jedem Unternehmen vorhanden und müsste von den Experten eruiert werden.

Zusätzlich sollten die Kosten für den Einzelfall geschätzt werden.

1.4.4 Konfliktkosten nach Oliver Ahrens

Einen Vorschlag für ein mehrstufiges Schätzverfahren hat Oliver Ahrens entwickelt. Er schlägt vor, im konkreten Fall Kostenkategorien zu entwickeln und diese genau zu definieren (www.konfliktkosten-rechner.de: 14).

Konfliktkosten-
rechner

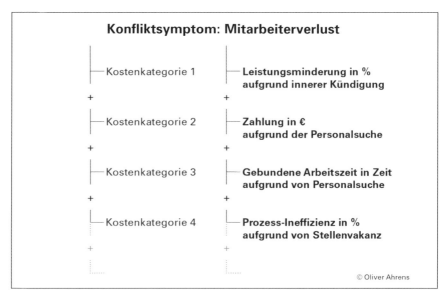

Abb. 1-2: Konfliktkosten – Kategorien nach Oliver Ahrens zum Symptom „Mitarbeiterverlust".

Er schlägt drei Kostenarten vor:

„Einheiten zur Abschätzung der Kosten

Der Konfliktkostenrechner unterscheidet für jede Kostenkategorie die Kostenarten in % – Auswirkung, Zeitbindung oder direkter Zahlungsabgang.

– Die Prozent-Einbuße wird zur Abschätzung einer Leistungsminderung oder einer Prozessinsuffizienz genutzt.

– Die Arbeitszeit wird, wie bereits weiter oben ausgeführt, immer dann angewandt, wenn Mitarbeiter einen Teil ihrer Arbeitszeit als Folge des Konflikts aufwenden müssen.

– Gemeinkosten fallen immer bei direkten Zahlungsabgängen an, bspw. bei der Beauftragung externer Dienstleiter oder dem Leisten von Abstandszahlungen."

1.5 Das Ziel: ein an Interessen orientiertes Konfliktlösungssystem

Da die Überlastung der Führungskräfte ein zentraler Faktor für die Entwicklung der Organisationen ist, zahlt es sich aus, die dahinterstehende Logik der Konfliktregelung genauer zu beachten. W. Ury, einer der Autoren des berühmten „Harvard-Konzepts" hat in seinem 1991 vorgelegten Buch „Konfliktmanagement" gemeinsam mit Jean M. Brett und Stephen B. Goldberg ausführlich dargelegt, dass in Organisationen drei Formen der Konfliktlösung in eine Balance gebracht werden müssen: (1) der möglichst direkte und niedrigschwellige Ausgleich von Interessen, (2) der Bezug auf vereinbarte Regeln und Rechtsvorschriften und (3) die Anwendung von Macht.

Harvard-Konzept

Interessen, Regeln, Macht

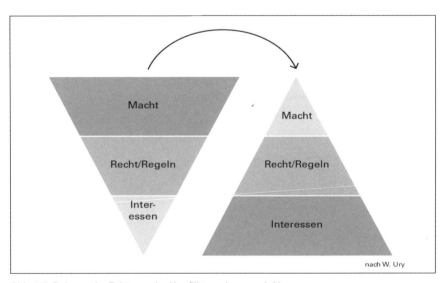

nach W. Ury

Abb. 1-3: Balance der Faktoren der Konfliktregelung nach Ury.

Interessen

In dem linken, auf dem Kopf stehenden Dreieck – Ury nennt es ein gestörtes System – gibt es nur wenige Möglichkeiten, Konflikte direkt nach ihrer Entstehung durch Ausgleich von Interessen zu klären. Meist werden die Konflikte auch nicht frühzeitig als solche erkannt und schon gar nicht erfasst. Daher werden nur wenige Konflikte auf der Ebene geklärt, wo sie auftreten. Ein größerer Teil wird durch den Verweis auf vereinbarte Regeln und entsprechende Sanktionen oder durch Gerichtsverfahren geregelt. Der größte Teil der Probleme landet auf den Schreibtischen der Führungskräfte in den unterschiedlichen

Hierarchie

Hierarchieebenen. Je weniger das Konfliktmanagement entwickelt ist, desto höher wandern auch die einfachsten Themen in der Hierarchie nach oben. Welches enorme Entlastungspotenzial darin steckt, überprüfte ein Geschäftsführer in der Diskussion um die Einführung eines erweiterten Konfliktmanagementsystems und führte über zwei Monate Tagebuch über die Angelegenheiten, die er täglich bearbeitete. Sein Erstaunen war groß, als er feststellte, dass etwa 60 Prozent der Themen gar nicht in seinen Aufgabenbereich gehörten und eigentlich in den jeweiligen Arbeitsebenen unter ihm hätten geregelt werden können.

Ury schlägt vor, ein „effektives System" der Konfliktregelung zu entwickeln und das Dreieck auf die Füße zu stellen und ein an Interessen orientiertes Konfliktmanagementsystem zu entwickeln, das Konflikte frühzeitig erkennt und erfasst, sie möglichst durch den Ausgleich von

Bedürfnisse

Interessen und Bedürfnissen regelt und Strukturen schafft zur Entscheidung, was die beste und kostengünstigste Form der Konfliktregelung ist.

Aus dieser Situationsbeschreibung ergeben sich folgende Anforderungen an ein professionelles Konfliktmanagement:
–   Geeignete präventive Maßnahmen
–   Unterstützung der Führungskräfte
–   Qualifizierung der Konfliktanlaufstellen
–   Entwicklung eines Konfliktmanagementsystems

2. Der Weg zum Systemdesign – Mediation und Organisationsentwicklung verbinden!

„Systeme für Konfliktlösungen zu entwickeln kommt fast der Entwicklung eines Schleusensystems gleich. Ein Konflikt ist wie Regen unvermeidlich. Richtig kontrolliert, kann er eine Wohltat sein; zu viel am falschen Platz kann zum Problem werden. Wir brauchen Systeme, die Konflikte ohne zu großen Aufwand wieder in die richtige Bahn lenken und deren Bewältigung ermöglichen." So beschreibt William Ury (Ury/Brett/Goldberg 1991: 12) dieses Ziel, ein effektives, an Interessen orientiertes Konfliktmanagementsystem zu entwickeln – ein Systemdesign. Diese Metapher ist eindrücklich, aber gleichzeitig auch so allgemein, dass die Frage entsteht, wie dieses Ziel konkret erreicht werden kann, welche Erfahrungen es schon gibt und was auf diesem Weg zu beachten ist.

In der 1988 erschienenen Originalausgabe des erwähnten Buches von W. Ury, „Getting Disputes Resolved", schreibt er zu Beginn: „Betrachten Sie aber dieses Konzept nicht als endgültiges Modell. Viele Ideen sind neu und noch nicht in der Praxis getestet worden. Es handelt sich vielmehr um einen Einstieg in ein Gebiet, von dem wir hoffen, dass es eines Tages ein eigenständiges Fachgebiet sein wird" (Ury/Brett/Goldberg 1991: 18).

Damit haben Ury, Brett und Goldberg einen Stein ins Rollen gebracht. In diesem ersten Buch prägten die Autoren auch den Begriff „Systemdesign" für den Entwurf eines Konfliktmanagementsystems und den Begriff „Systemdesigner" bzw. „Systemdesignerin". Hintergrund ihrer Erfahrungen war ein Projekt in der US-amerikanischen Kohleindustrie in den 80er-Jahren. In den Bergwerken gab es sehr viele Unruhen, Auseinandersetzungen und Streiks, die das wirtschaftliche Überleben der Unternehmen gefährdeten. Ury, Brett und Goldberg wurden beauftragt, Alternativen zum Umgang mit diesen Konflikten zu erarbeiten. Sie entwickelten ein Konzept, mit dem die bestehenden Verfahren durch Mediation ergänzt wurden. Das dabei entwickelte Mediationsverfahren wurde in die bisher üblichen Abläufe integriert. Dieses Projekt hatte großen Erfolg und führte zu einem deutlichen Rückgang der „wilden" Arbeitskämpfe. Die Betroffenen zeigten sich sehr zufrieden mit den zusätzlich gewonnenen Chancen, einen Streit zu lösen. Vor allem in den Fällen, „in denen die Parteien durch eine längerfristige Geschäfts- oder Arbeitsbeziehung miteinander verbunden seien, wie

Wilde Arbeitskämpfe

unter Mitarbeitern eines Unternehmens oder – allgemeiner – Mitgliedern einer Organisation. Voraussetzung sei allerdings nicht nur eine bloße Veränderung der Streitbeilegungsverfahren, sondern eine Veränderung des praktizierten unternehmerischen Streitbehandlungssystems insgesamt." Alexander Steinbrecher (2008: 81) erwähnt in seiner Dissertation noch die bedeutende Rolle von Frank Sander und seiner Idee einer multi-optionalen Streitbeilegung. Seine These war, ein breites Verfahrensspektrum unterschiedlicher Formen der Streitbeilegung zu entwickeln, um für jeden Konflikt ein adäquates Verfahren auswählen zu können (Sander in Gottwald 1997: Kap. 4.5).

Aus diesen Diskussionen entwickelte sich der Begriff „System Design" oder „Dispute System Design" als eine Verbindung der Begriffe Konfliktmanagementsystem mit Design zu „Konfliktmanagement-Systemdesign" und kürzer „Systemdesign". In der aktuellen Diskussion um Systemdesign ist es wichtig, auf die Entstehungsgeschichte des Begriffs zu verweisen, da er im deutschsprachigen Raum auch für die Arbeit in IT-Projekten und organisationalem Change Management verwendet wird.

In den 90er-Jahren entwickelte sich Systemdesign in den USA zu einem eigenständigen Fachgebiet. So entstand in der SPIDR (Society of Professionals in Dispute Resolution) der „Dispute Systems Design/Organisation Development Sector" als eigener Fachbereich. Systemdesign etablierte sich als eine Facette innerhalb der Wirtschaftsmediation, und die Aktiven nennen sich „Mediator and Systemdesigner". Die damaligen Sprecherinnen der SPIDR und des DSD/OD-Sectors, Christina Síckles Merchand und Cathy A. Constantino, veröffentlichten 1996 ihr Buch „Designing Conflict Management Systems – a Guide to Creating Productive and Healthy Organisations". Sie betonten die enge Verbindung von Organisationsentwicklung und Mediation: „We offer concrete approaches to conflict management, grounded in a marriage of organisation development (OD), dispute systems design (DSD) and alternative dispute resolution (ADR) principles" (Constantino/Sickles Merchand 1996: XV).

W. Ury verstärkte dies in seinem Vorwort zu diesem Buch: „The designer is, interestingly both, consultant and mediator, assisting the parties in designing their own system, one that works best for them. In this sense, the process of dispute systems design can be considered a kind of 'meta-mediation', a mediation about mediation and other processes of conflict management." So W. Ury in Constantino/Sickles Merchand (1996: X).

Die Verbindung von Mediation und Organisationsentwicklung bei der Entwicklung eines Konfliktmanagementsystems beschreiben diese Autoren in 6 Schritten:

Streitbeilegung

Dispute System Design

Dispute Resolution

Organisations-entwicklung

Meta-Mediation

1.   Entry and Contracting: Starting the Systems Design Effort
2.   Organisational Asessment: Looking at the Big Picture
3.   Design Architecture: Constructing Conflict Management Models
4.   Training and Education: Building the Knowledge and Skill Base
5.   Implementation: Introducing the New System
6.   Evaluation: Measuring Program Effectiveness

In den letzten 20 Jahren wurden in den USA in vielen größeren und kleineren Organisationen unterschiedlichster Art auf dieser Basis Konfliktmanagementsysteme eingeführt. In dem 2003 erschienenen Buch von David B. Lipsky, Ronald Seeber und Richard D. Fincher „Emerging Systems for Managing Workplace Conflict" ist eine Fülle von Beispielen dargestellt. Die Liste der 43 vorgestellten Unternehmen geht von American Express über Boeing Company, Hewlett Packard, Shell Oil Company bis zum U.S. Department of the Interior und Warner Brothers. Besonders interessant ist das sogenannte „REDRESS-Programm" des U.S. Postal Service. Dieses Programm wurde ab 1998 in der gesamten US-amerikanischen Post eingeführt. Das Besondere dieses Programms liegt darin, dass es bewusst auf dem Ansatz der transformativen Mediation von Bush/Folger aufbaut. Es ist Teil der Weiterentwicklung der Organisationskultur, und die Konfliktbearbeitung ist bewusst als sozialer Lernprozess gestaltet. Neben der konkreten Konfliktlösung durch Mediation geht es darum, „Upstream Effects" – also eine Veränderung des Verhaltens – zu erreichen. Die sehr überzeugenden Ergebnisse dieses Projekts sind gut dokumentiert (Burghaus/Nabatchi 2003: 105).

Redress-Programm

Upstream Effects

A. Steinbrecher hat in seiner Studie über die US-amerikanischen Erfahrungen folgende Definition für Systemdesign gefunden: „Mit dem Begriff des Designs kommen die beiden Aspekte des Gestaltens zum Ausdruck: das Konzipieren und Maßschneidern. Das Designen ist ein bewusster und planvoller, zweckorientierter und kreativer Prozess der Gestaltung und Entwicklung eines Produkts. Abgeleitet von dieser Definition bedeutet das Design eines integrierten Konfliktmanagementsystems ein praktikables, faires, effektives, effizientes und an den Zielen des Unternehmens ausgerichtetes System aus komplementären Konfliktbeteiligungsverfahren und streitpräventiven Instrumenten zu konzipieren und auf die Organisationsstruktur und andere internen und externen Rahmenbedingungen des Unternehmens maßzuschneidern" (Steinbrecher 2008: 85 ff.).
Die US-amerikanischen Erfahrungen in der Entwicklung und Implementierung von Konfliktmanagementsystemen bilden die Grundlage für die Diskussion um Systemdesign. Aber die Ansätze und Vorgehensweisen sind nicht einfach übertragbar. Zu andersartig sind die Unternehmenskulturen und die gesellschaftlichen und gesetzlichen

Unternehmenskultur

Rahmenbedingungen für innerbetriebliche Konfliktregelungen in vielfältigen Organisationstypen.

Auch die Entwicklung der Mediation ist unterschiedlich. In den 60er- und 70er-Jahren haben viele Pioniere der Organisationsentwicklung – beispielsweise Kurt Lewin, Richard Walton, Richard Beckhard, Robert Blake, Herbert Shepard, Jane Mouton, Roger Harrison – auch Konzepte für Konfliktmanagement in Organisationen entwickelt und praktiziert, die damals zwar nicht als Mediation bezeichnet wurden, damit aber große Ähnlichkeit haben. Als W. Ury 1988 sein Buch zum Konfliktmanagement herausbrachte, war Mediation in Europa fast gänzlich unbekannt. Erst seit Mitte der 90er-Jahre gibt es systematische Ausbildungen zum Mediator bzw. zur Mediatorin. Allerdings fand ab diesem Zeitpunkt eine rasante Entwicklung statt. Heute gibt es in Deutschland, Österreich und der Schweiz einige tausend ausgebildete Mediatorinnen und Mediatoren und eine breite Akzeptanz der Mediation. Die

Mediations-gesetze

Mediationsgesetze in Österreich 2003 und Deutschland 2012 haben eine rechtliche Grundlage geschaffen. Gleichzeitig entwickelte sich in den letzten 10 Jahren eine stärkere Differenzierung der Mediationsszene. Während in den deutschsprachigen Ländern in den 90er-Jahren

Familien-mediation

der Ansatz der Familienmediation als „die" Mediation galt, haben sich je nach Anwendungsfeldern unterschiedliche Konzepte entwickelt, wie Wirtschaftsmediation, Organisationsmediation, Mediation im öffent-

Interkulturelle Mediation, Schulmediation

lichen Bereich, interkulturelle Mediation, Schulmediation u.a.

Der Autor konzentriert sich seit 1998 als freiberuflicher Mediator, Organisationsberater und Coach in Praxis und Lehre auf das Feld der innerbetrieblichen Konfliktbearbeitung. Neben vielen Mediationen und Konfliktbearbeitungen in Großunternehmen und Familienunternehmen verschiedener Branchen, Verwaltungen und Einrichtungen im Bereich sozialer Dienstleistung ist die innerbetriebliche Konfliktbearbeitung der Fokus im weiterbildenden Studium „Mediation und Konfliktmanagement in Wirtschaft und Arbeitswelt" an der Ruhr-Universität in Bochum, das er seit 2001 als Dozent und Studienleiter betreut. Seit dieser Zeit wurden in Bochum im Studiengang Mediation etwa 300 Fach- und Führungskräfte aus Unternehmen, Betriebsräte und freiberufliche BeraterInnen als MediatorInnen für die Konfliktbearbeitung im Betrieb ausgebildet.

Aus den Erfahrungen in Praxis und Lehre entstand das MEDIUS-Konzept des innerbetrieblichen Konfliktmanagements, das auf drei Hauptprinzipien beruht:

Prinzip 1: Von der personenorientierten zur organisationsorientierten Mediation

Prinzip 2: Vom klassischen Setting der Mediation zur systemischen Konfliktbearbeitung in Organisationen

Prinzip 3: Von der Konfliktbearbeitung zum Konfliktmanagement in Organisationen
Diese Prinzipien werden in den folgenden Abschnitten eingehend erläutert.

2.1 Prinzip 1: Von personenorientierter zu organisationsorientierter Mediation

Konflikte in Unternehmen und Organisationen spielen sich in einem besonderen Kontext ab. Grundlage der Beziehung der im Konflikt befindlichen Personen ist der Arbeitsvertrag mit dem Unternehmen und die Beschreibung ihrer Rollen im Arbeitsablauf. Die Beziehungen im Arbeitsleben sind geprägt von Funktionen, Qualifikationen, Berufsbildern und beruflicher Sozialisation. Sie werden stark beeinflusst durch die Kultur und Struktur der Organisation und der Position am Markt bzw. im Umfeld. Konflikte in Organisationen sind auch immer eine Störung in den Arbeitsabläufen. Die vorgegebenen Ziele werden nicht erreicht, oder es kommt zu schwerwiegenden Fehlentwicklungen, deren Auswirkungen nicht nur die Konfliktparteien, sondern alle in der Organisation spüren. So entstehen durch Konflikte Kosten. Diese Konfliktkosten können berechnet und somit das Ausmaß der Wertvernichtung durch Konflikte ermittelt werden. Konflikte in Organisationen sind auch ein Hinweis, dass in den Strukturen und Abläufen etwas nicht stimmt und korrigiert werden muss. Konflikte sind insofern ein Signal für Veränderungsbedarf.

Konfliktkosten

Signalwirkung

Die teilweise heftigen persönlichen Konflikte zwischen den Facharbeitern an den Maschinen und den Projektmanagern in der Halle der „Webermetall GmbH" entstanden aus der Struktur und den Abläufen des Arbeitsprozesses. Eine der Hauptursachen war die den veränderten Bedingungen noch nicht genügend angepasste Form der Bezahlung. Vieles war noch auf die großen Aufträge für die Automobilindustrie ausgerichtet. Die kurzfristigen, hoch anspruchsvollen und in kleineren Stückzahlen auszuführenden Aufträge für die Maschinenbauindustrie waren im Produktionsablauf noch nicht genügend eingespielt. Eine rein personenorientierte Bearbeitung der Konflikte würde daher im besten Fall nur kurzfristig Entlastung schaffen. Entscheidend ist die Bearbeitung der organisationalen Konfliktpotenziale (Struktur, Kultur, Abläufe usw.). Allerdings ist mit einer Klärung der organisationalen Hintergründe der dadurch entstandene persönliche Konflikt noch nicht automatisch bereinigt. In der organisationsorientierten Mediation sind Konfliktbearbeitungen immer mit personenorientierten, gruppenorientierten und strukturorientierten Aspekten verbunden, welche der Wirtschaftsmediator im Einzelfall gewichten muss.

Struktur, Kultur

Familien-
mediation

Die ersten US-amerikanischen MediatorInnen, die Ende der 80er-Jahre die Mediation im deutschsprachigen Raum in Europa vorstellten, waren FamilienmediatorInnen. John Haynes und andere prägten die Entwicklung der ersten Jahre. Das personenbezogene Modell der Familienmediation war längere Zeit Grundlage der Ausbildungen und Standards der Mediationsverbände. In der praktischen Konfliktbearbeitung in unterschiedlichen Bereichen entwickelten sich eine differenziertere Sichtweise und neue Formen der mediativen Arbeit. Diese Diskussion hat in Deutschland im Mediationsgesetz einen gewissen Abschluss gefunden. Im deutschen Mediationsgesetz hat der Gesetzgeber am 28.06.2012 einen Rahmen geschaffen.

Mediations-
gesetz

In §1 S1 des Mediationsgesetzes heißt es:
> **Begriffsbestimmungen**
> (1) Mediation ist ein vertrauliches und strukturiertes Verfahren, bei dem Parteien mithilfe eines oder mehrerer Mediatoren freiwillig und eigenverantwortlich eine einvernehmliche Beilegung ihres Konflikts anstreben.

Neutralität

> (2) Ein Mediator ist eine unabhängige und neutrale Person ohne Entscheidungsbefugnis, die die Parteien durch die Mediation führt.

Mediation ist also definiert als ein strukturiertes Verfahren, in dem die Konfliktparteien von einer dritten Partei unterstützt werden, selbst eine Lösung zu finden. Mediation wird als ein offenes und flexibles Verfahren verstanden. Damit wurde ein allgemeiner und angemessener Rahmen für die Anwendung der Mediation in unterschiedlichen Arbeitsfeldern geschaffen. Innerhalb dieses Rahmens wird die konkrete Form der Mediation durch den Kontext der jeweiligen Anwendungsbereiche bestimmt.
In der Organisations- und Wirtschaftsmediation wird der Kontext durch das zweckorientierte Handeln und die Rolle der Organisationen in der Gesellschaft und am Markt und durch die Kultur, Struktur und die Abläufe in den Organisationen bestimmt.

Schlichtungs-
verfahren

In der Wirtschaftsmediation kristallisieren sich 3 Arbeitsfelder heraus:
1. *Wirtschaftsmediation als Alternative zu Rechts- und Schlichtungsverfahren* bei Vertragsverletzungen, Verhandlungen bei Kauf, Verkauf und Übernahme von Unternehmen. Diese Mediation zwischen Unternehmen (BtoB – Business to Business) setzt ein hohes Maß an juristischen Kenntnissen und Erfahrungen bei der Gestaltung von Verträgen voraus und ist daher zu Recht eine Domäne der MediatorInnen mit juristischem Hintergrund.

2.   *Mediation im innerbetrieblichen Bereich:* Hier geht es um Konflikte am Arbeitsplatz, im Team und um Probleme in Veränderungsprozessen. Juristische Fragen spielen nur am Rande eine Rolle. Es geht um Unternehmenskultur, betriebliche Abläufe und Management. Für Organisations- und WirtschaftsmediatorInnen im innerbetrieblichen Bereich sind daher Kenntnisse in Organisationswissenschaften, Teamdynamiken und -strukturen und Arbeitsabläufen hilfreich.

3.   *Systemdesign ist ein weiteres Feld der Wirtschaftsmediation* – die Entwicklung und Implementierung von Konfliktmanagementsystemen. Hier geht es darum, Formen der Konfliktprävention, ein erweitertes System der Konfliktregelung und Strukturen zu etablieren, um aus Konflikten und Fehlern zu lernen. Für den Systemdesigner sind Kenntnisse in Organisationsberatung, Prozessberatung und Coaching sinnvoll.

Konflikt-prävention

Prozess-beratung, Coaching

Ury erweitert das Rollenspektrum noch, wenn er zusammenfasst (Ury/Brett/Goldberg 1991: 8 f.): „Im Umgang mit den Konfliktparteien spielen Sie als Systemdesigner zusätzlich zu den Rollen des Experten, Schlichters und Unterhändlers noch die Rollen des Lehrers, des Statistikers und Wanderpredigers. Sie fungieren als Experte, wenn Sie das bestehende System analysieren und mögliche Alternativen in Erwägung ziehen. Als Schlichter versuchen Sie Vereinbarungen zu Systemänderungen zu erzielen. Sie verhandeln mit den Konfliktparteien, um sie von der Annahme der Veränderungsvorschläge zu überzeugen. Indem Sie den Parteien zu Anfang helfen, das neue System zu nutzen, wirken Sie aufgrund der Zusammenarbeit als Lehrer. Sie unterstützen sie dabei, ihre Fertigkeiten zu entwickeln, muntern sie auf, wenn Vereinbarungen nicht erzielt werden können. Durch die Systembewertung helfen Sie darüber hinaus den Parteien festzustellen, wie gut es funktioniert und welche Anpassungen durchgeführt werden sollten. Bei der Verbreitung spielen Sie als Systemdesigner wiederum ein andere Rolle – die des Wanderpredigers."

Beratungsrollen

Diese Vielfalt der Rollen in der Beratung und der Begleitung von Organisationen ergibt sich aus den 7 Basisprozessen der Organisationsentwicklung, wie sie Friedrich Glasl für die professionelle Prozessberatung dargestellt hat (siehe dazu ausführlich Glasl/Kalcher/Piber 2014: 101 f.).

Die 7 OE-Basisprozesse sind:

OE-Basisprozesse

Diagnose-Prozesse: Analysen und vertiefende Diagnosen der Situation, damit Bewusstseinsbildung entsteht: Wie sind wir? Wie sind wir dazu geworden? Warum sind wir so? Wie hängen die Dinge zusammen? Was sind die Hintergründe?

Zukunftsgestaltungs-Prozesse: Überlegungen über die angestrebte Zukunft, Soll-Entwürfe des künftig gewünschten Führens, der Abläufe, der Struktur, der Positionierung und Strategie der Organisation, usw. Ziel dieser Prozesse ist Willensbildung: Wohin wollen wir? Wozu?

Psycho-soziale Prozesse: unter anderem alte Beziehungen und Rollen loslassen und neue Beziehungen eingehen, Widerstand und Konflikte aufzugreifen usw., denn diese Prozesse fördern notwendige emotionale Veränderungen.

Lern-Prozesse (im engeren Sinn): Erlernen neuen Wissens und Könnens, denn Lernprozesse vermitteln neue Fähigkeiten.

Informations-Prozesse: Laufende Informationen und dialogische Kommunikationsformen setzen die betroffenen Menschen richtig ins Bild.

Umsetzungs-Prozesse: Implementieren der geplanten Veränderungen, Worte werden in Taten umgesetzt.

Management-Prozesse (der gesamten Veränderungsprozesse): Planen, Lenken, Beschließen, Koordinieren, Evaluieren aller Veränderungsschritte und mit personellen und materiellen Ressourcen ausstatten.

Bei allem ist unbedingt zu beachten, dass die hier genannten Prozesse nicht als 7 Phasen oder 7 Schritte gemeint sind, sondern als miteinander vernetzte Interventionen. Zwei oder drei oder mehr Prozesse unterstützen sich gleichzeitig gegenseitig und können – je nach der Situation – in unterschiedlichen Schrittsequenzen erfolgen.

Beratungsrollen

Mithilfe dieser Basisprozesse kann auch verständlich werden, dass Interventionen aus verschiedenen Rollen heraus notwendig werden. Deshalb können externe und interne SystemdesignerInnen das eine und das andere Mal agieren als DiagnostikerInnnen oder als DozentInnen für mögliche Zukunftsmodelle oder als MediatorInnen, TrainerInnen oder Coach, KommunikationsdesignerInnen usw.

OE- Basis- prozesse

Die Überlegungen und Hinweise zu den 7 OE-Basisprozessen waren Grundlage der Entwicklung der Systemdesign-Schleife und fließen in viele einzelne Schritte ein. Deshalb sind verschiedene Kompetenzfelder zu integrieren, wie Abbildung 2-1 zeigt.

Diese Ausführungen machen deutlich, dass Organisations- und WirtschaftsmediatorInnen eine erweiterte Verantwortung haben. Sie sind in der Prozessgestaltung sowohl den beteiligten Personen als auch dem Unternehmen bzw. der Organisation gegenüber verantwortlich.

Diese erweiterte Verantwortung zeigt sich darin, dass systemische WirtschaftsmediatorInnen immer mehrere Faktoren – die Interessen der Personen, die Prozesse in den Teams, die Anforderungen aus den Arbeitsabläufen und die Struktur und Kultur der Organisation – berücksichtigen müssen. Dies erweitert auf der einen Seite die Verantwortung und den Handlungsrahmen in der Mediation. MediatorInnen haben die Möglichkeit, in der Konfliktbearbeitung die Ebenen zu wechseln. So

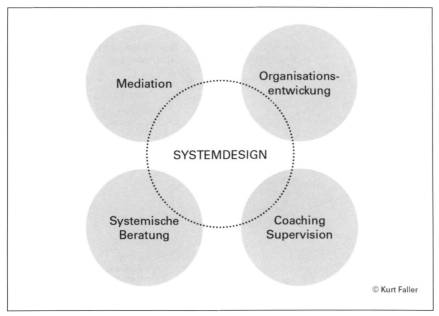

Abb. 2-1: Kompetenzfelder des Systemdesigns.

könnte z. B. durch eine grundsätzliche Einigung zwischen Betriebsrat und Geschäftsführung der „Webermetall GmbH" zur Neuregelung der Boni eine Grundlage geschaffen werden, um die entstandenen persönlichen Verhärtungen zwischen den Mitarbeitenden abzubauen und eine nachhaltige Verbesserung im Umgang miteinander zu erreichen.

Auf der anderen Seite ist der Handlungsrahmen gegenüber den Möglichkeiten in der klassischen Mediation eingeschränkt. Denn im Arbeitsleben dominieren Rollen und Funktionen die Arbeitsbeziehungen. Hier gilt der Grundsatz, nur so tief wie notwendig in die Beziehungsregelung einzusteigen, nicht so tief wie möglich. WirtschaftsmediatorInnen sollten darauf achten, dass Beteiligte „nicht aus der Rolle fallen" und in ihrer Fachkompetenz nicht beschädigt werden. Dazu brauchen sie neben den Kompetenzen in der Beziehungsarbeit auch eine gewisse Feldkompetenz und ein fundiertes Organisationsverständnis.

Fachkompetenz, Feldkompetenz

In der praktischen Arbeit hat sich auch das ganzheitliche Organisationsmodell der 7 Wesenselemente bewährt, das Friedrich Glasl (Glasl/Lievegoed 2011: 14ff.) mit Hans von Sassen entwickelt hat. Abbildung 2-2 zeigt, dass alle Wesenselemente miteinander vernetzt sind und drei Subsysteme bilden (siehe Kap. 5.2.1).

Wesenselemente der Organisation

Alle Wesenselemente stehen mit verschiedenen Sektoren der Außenwelt in direkter oder indirekter Verbindung. Bei der Diagnose und beim Systemdesign ist die Beachtung dieser Zusammenhänge für den Erfolg entscheidend.

Beziehungen zur Außenwelt

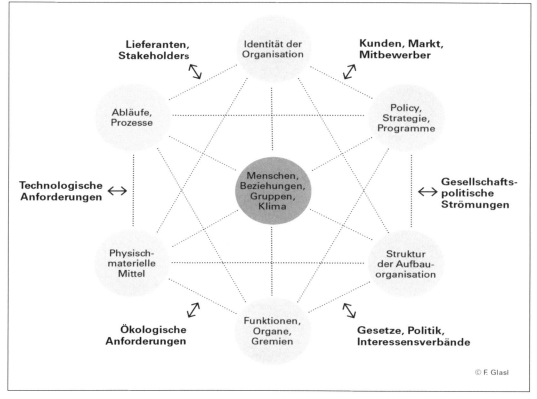

Abb. 2-2: Die sieben Wesenselemente einer Organisation (nach F. Glasl).

Die Wesenselemente 1 (Identität) und 2 (Policy, Strategie, Programme, Konzepte) bilden zusammen – wie sie offiziell proklamiert und inoffiziell praktiziert werden – das kulturelle Subsystem einer Organisation. Die Wesenselemente 3 (Struktur der Aufbauorganisation), 4 (Menschen, Gruppen, Beziehungen, Führung, Klima) und 5 (Funktionen, Organe) in ihrer formalen und informellen Ausprägung das soziale Subsystem einer Organisation. Die Wesenselemente 6 (Prozesse, Abläufe) und 7 (physisch-materielle Mittel) machen zusammen das technisch-instrumentelle Subsystem aus.

Im Innensystem	*Zum Umfeld*
1. Identität der Organisation	
Die gesellschaftliche Aufgabe der Organisation, Mission, Sinn und Zweck, Leitbild, Fernziel, Philosophie, Grundwerte, Image nach innen, historisches Selbstverständnis der Organisation	Image bei Kunden, Lieferanten, Banken, Politik, Gewerkschaft usw., Konkurrenzprofil, Position in Märkten und Gesellschaft; Selbstständigkeit bzw. Abhängigkeit

2. Policy, Strategie, Programme, Konzepte	
Langfristige Programme und Pläne der Organisation, Unternehmenspolitik, Leitsätze für Produkt-, Finanz-, Kosten-, Personalpolitik usw.	Leitsätze für Umgehen mit Lieferanten, Kunden usw., PR-Konzepte, Marktpolitik, Marktstrategien; Übereinstimmung mit Spielregeln der Branche

3. Struktur der Aufbauorganisation	
Statuten, Gesellschaftervertrag, Aufbauprinzipien der Organisation, Führungshierarchie, Linien- und Stabsstellen, zentrale und dezentrale Stellen, formales Layout	Strukturelle Beziehung zu externen Gruppierungen, Präsenz in Verbänden usw., strategische Allianzen, Verträge, Vereinbarungen

4. Menschen, Gruppen, Beziehungen, Führung, Klima	
Wissen und Können der Mitarbeiter, Haltungen und Einstellungen, Beziehungen, Führungsstile, informelle Zusammenhänge und Gruppierungen, Rollen, Macht und Konflikte, Betriebsklima	Pflege der informellen Beziehungen zu externen Stellen, Beziehungsklima in der Branche, Stil des Umgehens mit Macht gegenüber dem Umfeld

5. Einzelfunktionen, Organe	
Aufgaben/Befugnisse/Verantwortung als Inhalte der einzelnen Funktionen, Gremien, Kommissionen, Projektgruppen, Spezialistinnen und Spezialisten, Koordination	Verhältnis zum üblichen Branchenverständnis bezüglich Arbeitsteilung (Berufsbilder, Kollektivverträge), Funktionen zur Pflege der externen Schnittstellen

6. Prozesse, Abläufe	
Arbeitsprozesse: Kernprozesse, Supportprozesse (unterstützende interne Dienstleistungen), Managementprozesse (Informationsprozesse, Entscheidungsprozesse, interne Logistik, Planungs- und Steuerungsprozesse usw.)	Beschaffungsprozesse für Ressourcen, Lieferprozesse (JIT), Speditionslogistik, Aktivitäten zur Beschaffung externer Informationen

7. Physisch-materielle Mittel	
Instrumente, Maschinen, Geräte, Material, Möbel, Transportmittel, Gebäude, Räume, finanzielle Mittel (Kapitalausstattung, liquide Mittel)	Physisches Umfeld, Platz im Umfeld, Einbettung in die Landschaft, Verkehrssystem, Verhältnis von Eigenmitteln zu Fremdmitteln

Abb. 2-3: Nahtstellen des Innensystems mit dem Umfeld.

Zum besseren Verständnis der Dynamik einer Organisation kann auch das Modell der Entwicklungsphasen einer Organisation beigezogen werden, das im Buch von Friedrich Glasl und Bernard Lievegoed „Dynamische Unternehmensentwicklung" (2011: 63 ff.) detailliert beschrieben ist.

2.2   Prinzip 2: Von klassischer Mediation zur systemischen Konfliktbearbeitung

Um Organisationen dabei zu unterstützen, Probleme zu lösen, die Kooperation in den Teams zu verbessern und Prozesse flüssiger zu gestalten, ist es notwendig, eine Grundstruktur für das Verfahren der Konfliktbearbeitung und unterschiedliche, variabel einsetzbare Techniken zur Verfügung zu haben. Auf dieser Grundlage ist es dann möglich – je nach Anlass, Zahl der Teilnehmenden und der Unternehmenskultur – unterschiedliche Settings für die konkrete Konfliktbearbeitung zu entwickeln.

Das MEDIUS-Konzept der innerbetrieblichen Konfliktbearbeitung bietet unterschiedliche Instrumente an, um
–   Konflikte in Unternehmen genauer zu erfassen;
–   durch eine kooperative Auftragsgestaltung das Primat der internen Konfliktregelung zu gewährleisten;
–   das Setting der Konfliktbearbeitung sorgfältig zu gestalten;
–   passende und effektive Instrumente der Konfliktbearbeitung auszuwählen.

2.2.1 Konflikt-Triade
Konflikte in Organisationen sind immer komplex. Auch scheinbar einfach zu überschauende Konfliktsituationen – wie beispielsweise ein Streit zwischen zwei Mitarbeitenden – sind immer eingebettet in die Struktur und Kultur der Organisation und tangieren die Arbeitsabläufe. Die Beteiligten sind auf die Auseinandersetzung mit dem Anderen konzentriert und haben oft keinen Blick für die Wirkungen auf Arbeitsergebnisse und Teamprozesse. WirtschaftsmediatorInnen sind daher vom ersten Kontakt an gefordert, nicht nur die Positionen der Parteien, sondern auch die Wirkungen des Konflikts in der Organisation zu sehen.
Konflikte werden vordergründig meist als personale Konflikte wahrgenommen. Denn es ist evident: Personen streiten oder arbeiten nicht gut zusammen. Beim genauen Hinsehen aber sind es häufig Auseinandersetzungen um Budgets oder Positionen. Es sind also eher materielle Probleme, die zu einer Verschlechterung der Beziehungen geführt haben. Oder es sind Unklarheiten in der Struktur, den Rollen und Schnittstellen.
Diese strukturellen Konflikte sind in der Regel wichtige Hinweise, dass etwas in Strukturen, Funktionen und Rollensettings nicht stimmt und verändert werden muss.

Struktur, Funktion, Rollen

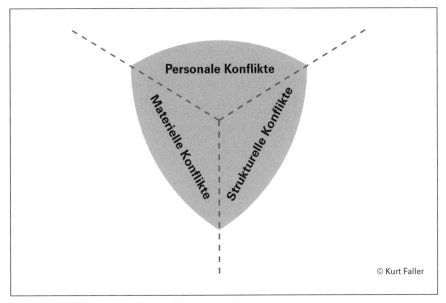

Abb. 2-4: Triade der systemischen Konfliktbearbeitung.

In vielen komplexen Konflikten finden sich Aspekte aus allen drei Feldern der Triade.   Triade

Im Fall der „Webermetall GmbH" sind es unterschiedlich eskalierte
Konflikte zwischen einigen Facharbeitern und Projektmanagern und
auch schon deutlich erkennbare Verhärtungen zwischen den beiden
Gruppen. Verbunden sind diese eher personalen Konflikte mit mate-
riellen Konflikten. Einige Projektmanager betreuen Maschinenbaufirmen, die nur kleine Stückzahlen bestellen, aber sehr hohe und für die
Facharbeiter arbeitsaufwändige Anforderungen stellen. Ein Zusatz-
aufwand, der nach Meinung der Facharbeiter in keiner Weise bei der
Bezahlung berücksichtigt wird. Dazu kommen strukturelle Konflikte, die
im schnellen Wachstum des neuen Projektgeschäfts begründet liegen.
Vieles wird noch auf Zuruf geregelt. Es ist offensichtlich, dass diese
Situation für beide Seiten unbefriedigend ist. Die in der Überganssitu-
ation vorherrschende Bereitschaft, Mängel in der Struktur und den   Struktur, Abläufe
Abläufen durch individuelles Engagement auszugleichen, ist erheblich
gesunken.

Wenn diese unterschiedlichen Aspekte in die Triade eingeordnet werden, wird nach und nach deutlich, dass einer der Aspekte bestimmend
ist. Dies hilft bei der Mediation, die Richtung der Konfliktbearbeitung zu
bestimmen. Ist es ein überwiegend personaler Konflikt, wird der Konflikt nach der Logik des klassischen Settings der Mediation bearbeitet.
Bei vorwiegend materiellen Konflikten ist eine eher sach- und ergeb-
nisorientierte Arbeitsweise mit Techniken aus dem Harvard-Verhand-

Organisations-
entwicklung

lungskonzept angezeigt. Bei überwiegend strukturellen Konflikten muss die Konfliktbearbeitung mit Elementen der Organisationsentwicklung verbunden werden. Hier geht es um eine „Mediation nach vorne", d.h. um die Frage, was für die weitere Zusammenarbeit verändert und verbessert werden muss. Dies veranschaulicht Abbildung 2-5.

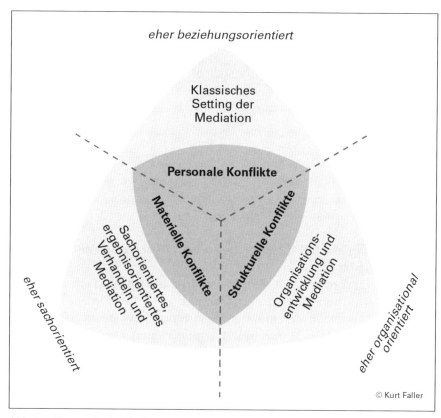

Abb. 2-5: Die erweiterte Triade.

Das Bild der erweiterten Triade legt unterschiedliche Orientierungen bei der Konfliktbearbeitung nahe.

2.2.2 Primat der internen Konfliktbearbeitung

Das Bild der externen MediatorInnen, die beauftragt werden, Konflikte im Unternehmen zu bearbeiten, ist Grundlage der meisten Darstellungen und auch Ausbildungen zur Wirtschaftsmediation. Diese fast selbstverständliche und selten hinterfragte Festlegung wird aber der Komplexität der innerbetrieblichen Konfliktbearbeitung nicht gerecht. Dabei werden zwei grundlegende Faktoren nicht beachtet:

Führungskräfte

1.   Die meisten Konflikte in Unternehmen werden von Führungskräften oder internen Konfliktanlaufstellen, vor allem vom Per-

sonalmanagement und Betriebsrat bearbeitet. Externe MediatorInnen werden erst dann einbezogen, wenn interne Klärungs-
versuche nicht erfolgreich waren.

2.   Auch wenn externe MediatorInnen mit den Parteien ein Ergebnis
erreichen, liegt die Verantwortung für die Integration dieser
Ergebnisse in den Arbeitsprozess nach wie vor bei den Führungskräften oder internen Konfliktanlaufstellen. Diese beiden   Konflikt-
Faktoren bieten eine Erklärung für die oft beklagte Tatsache, dass   anlaufstellen
Mediation in Unternehmen sehr positiv diskutiert, aber wenig
praktisch angefragt wird.

Das MEDIUS-Konzept der innerbetrieblichen Konfliktbearbeitung geht
konsequent vom Primat der internen Konfliktbearbeitung aus. Edgar
Schein (2003: 299) hat in seinem Buch „Prozessberatung für die   Prozessberatung
Organisation der Zukunft" zehn Prinzipien für eine helfende Haltung
des Beraters benannt, die auch für WirtschaftsmediatorInnen wichtig
sind. Sein fünftes Prinzip heißt: „Das Problem und seine Lösung
gehören dem Kunden." Und weiter: „Fakt ist, dass der Kunde mit den
Folgen des Problems und der Lösung leben muss, ich ihm also nicht
die Verantwortung dafür abnehmen kann" (Schein 2003: 299). Nun gibt
es sicher keinen Zweifel, dass jeder Mediator dieses Prinzip sofort
unterschreiben wird. Aber für die Verwirklichung dieses Prinzips
genügt der gute Wille nicht. Diese Haltung muss in der Bearbeitung
selbst und im Umgang mit den Ergebnissen klar zum Ausdruck
gebracht werden.

In der innerbetrieblichen Wirtschaftsmediation gilt diese Haltung nicht
nur gegenüber den Personen, sondern auch gegenüber der Organisation als Ganzes. Im erweiterten Konfliktmanagementsystem stehen
dem Unternehmen ausgebildete Konfliktlotsen und interne MediatorInnen auf unterschiedlichen Ebenen intern zur Verfügung. Konflikt-   Konfliktlotsen
lotsen stehen auf der Ebene der Mitarbeitenden als AnsprechpartnerInnen und KonfliktberaterInnen bereit. In der SAP AG werden die
Konfliktlotsen daher „KonfliktnavigatorInnen" genannt. Die Führungs-   Konflikt-
kräfte nehmen mediative Techniken in ihr Führungshandeln auf. Die   navigatoren
klassischen Konfliktanlaufstellen integrieren Mediation und Verhandlung in die regulären Abläufe der Konfliktregelung. Und auf Unter-
nehmensebene gibt es einen Pool von internen MediatorInnen, die in
unterschiedlichen Konflikten eingesetzt werden können. Nur bei sehr
komplexen und hierarchisch relevanten Konflikten werden externe
MediatorInnen einbezogen.

In der Ausbildung haben die internen MediatorInnen und die Konfliktlotsen mit dem MEDIUS-Konzept der innerbetrieblichen Konfliktbearbeitung eine gemeinsame Sicht auf folgende Fragen entwickelt:

1. Wie wird der Auftrag gestaltet?
2. Wie wird das konkrete Setting der Konfliktbearbeitung erstellt?
3. Welche Techniken und Instrumente der Konfliktbearbeitung gibt es, und wie können sie angewendet werden?
4. Wie wird der Prozess der Konfliktbearbeitung verbindlich strukturiert?

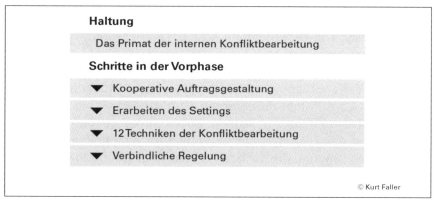

Haltung

Das Primat der internen Konfliktbearbeitung

Schritte in der Vorphase

▼ Kooperative Auftragsgestaltung

▼ Erarbeiten des Settings

▼ 12 Techniken der Konfliktbearbeitung

▼ Verbindliche Regelung

© Kurt Faller

Abb. 2-6: Das MEDIUS-Konzept der innerbetrieblichen Konfliktbearbeitung.

Dazu wurden unterschiedliche Ansätze und Instrumente für die Praxis entwickelt.

Arbeit mit Einzelnen	Technik Nr. 1 **Konfliktberatung** *P M S*		Technik Nr. 2 **Konfliktcoaching** *P M S*	
Arbeit mit zwei Parteien	Technik Nr. 3 **Klassisches Setting der Mediation** *P*	Technik Nr. 4 **Shuttle-Mediation** *P M*	Technik Nr. 5 **Verhandeln in der Mediation** *M*	
Arbeit mit Gruppen	Technik Nr. 6 **Teamkonflikt Moderation** *P M S*	Technik Nr. 7 **Gruppen-Mediation** *M S*	Technik Nr. 8 **Verhandeln zwischen Gruppen** *M*	Technik Nr. 9 **Großgruppen-Mediation** *M S*
Verankerte Techniken	Technik Nr. 10 **Mediative Beratung** *S*	Technik Nr. 11 **Transferorientierte Teamentwicklung** *S*	Technik Nr. 12 **Strukturierter Klärungsdialog** *P M S*	

P = eher personale Konflikte, *M* = eher materielle Konflikte, *S* = eher Sachkonflikte   © Kurt Faller

Abb. 2-7: MEDIUS-Werkzeugkasten.

Die 12 Techniken der Konfliktbearbeitung in Organisationen der genannten Übersicht Abbildung 2-7 werden nun konkreter erläutert.

Technik 1. Konfliktberatung

In den 7 Schritten der Konfliktberatung erarbeitet der Mediator mit den Konfliktbeteiligten oder Verantwortlichen im Einzelgespräch eine Übersicht über den Konflikt und seine Auswirkungen, die günstigste Vorgehensweise und sinnvolle Techniken.

Technik 2. Konfliktcoaching

Coaching

Im Konfliktcoaching begleitet der Mediator Konfliktbeteiligte oder Führungskräfte in regelmäßigen Coaching-Sitzungen bei der selbstständigen Klärung eines Konflikts. Die Beteiligten klären den Konflikt eigenständig in ihrem Umfeld und bereiten mit ihrem Konfliktcoach die nächsten Schritte vor und reflektieren die jeweiligen Erfahrungen. Rollen-, Entscheidungs- und Perspektivencoaching sind weitere Formen der Unterstützung im Coaching.

Technik 3. Das klassische Setting der Mediation

Setting

Das klassische Setting ist die Kerntechnik der Mediation. Der Mediator arbeitet mit den beiden Konfliktbeteiligten in den 5 Phasen der Mediation.
Das Erlernen des klassischen Settings ist eine grundlegende Voraussetzung für die Arbeit mit anderen Techniken der alternativen Streitbeilegung.

Technik 4. Shuttle-Mediation

Shuttle-Mediation

Im Pendel-Verfahren arbeitet der Mediator mit den Beteiligten in Einzelgesprächen und übernimmt die Aufgabe des „Shuttle" zwischen den Beteiligten.

Technik 5. Verhandeln in der Mediation

Für die Bearbeitung vorwiegend materieller Konflikte bestimmen Verhandlungselemente – angelehnt an Techniken der amerikanischen Wirtschaftsmediation wie der sogenannen Caucausing-Technik – die Arbeitsweise in der Mediation
Es geht mehr um Ergebnisorientierung als um Klärung von Sachverhalten und Hintergründen. Grundlage ist das interessensorientierte Verhandeln nach dem Harvard-Konzept.

Harvard- Konzept

Technik 6. Teamkonfliktmoderation

Moderation

In der Teamkonfliktmoderation werden die Phasen und Techniken der Mediation in veränderten – der Gruppendynamik angepassten – Formen bei der Bearbeitung von Konflikten in Arbeitsteams angewandt. Dabei wird die Energie der Gruppe genutzt, um unterschiedliche Konfliktlagen zu bewältigen.

Technik 7. Gruppen-Mediation
Die Techniken der Gruppen-Mediation werden vor allem in Konflikten zwischen homogenen Gruppen oder Fraktionen angewandt. Die Bearbeitung derartiger Konflikte erfordert eine differenzierte Bearbeitung in den einzelnen Gruppen und zwischen den Gruppen.

Technik 8. Verhandeln zwischen Gruppen
Bei vorwiegend materiellen Konflikten zwischen Teams, Abteilungen und Unternehmen werden strukturierte Verhandlungstechniken eingesetzt.
Schwerpunkte sind eine gründliche Vorbereitung, eine gute Präsentation der eigenen Position, Techniken zur Gestaltung des „Negotiation Dance" und effektive Formen für den Abschluss.

Negotiation Dance

Technik 9. Großgruppenmediation
Der Einsatz von Mediation in Planungs- und Umweltverfahren, in politischen Prozessen und in großen Organisationen erfordert eigene Settings und Strukturen.

Technik 10. Mediative Beratung
Mediative Berater sind Mitarbeiter einer Organisation, die als Klärungshelfer ihre Kollegen oder Kunden unterstützen, Konflikte in wichtigen Arbeitsabläufen und Prozessen möglichst frühzeitig zu erkennen und schnell und konstruktiv zu bewältigen. Sie erhalten eine Grundausbildung in Mediation und werden in einem klar definierten Rahmen tätig.

Team-entwicklung

Technik 11. Transferorientierte Teamentwicklung
In der Teamentwicklung werden mediative Techniken eingesetzt, um die Kooperation im Team als kontinuierlichen gemeinsamen Lernprozess zu gestalten.

Klärungsdialog

Technik 12. Strukturierter Klärungsdialog
Bei schwierigen Konstellationen im gesamten Unternehmen oder zwischen verschiedenen Hierarchien werden in einem strukturierten Dialog Konflikte bearbeitet und Formen für eine Verbesserung der zukünftigen Arbeit gefunden.

2.2.3 Arbeitsschritte der Vorphase der innerbetrieblichen Konfliktbearbeitung

Konflikte im Betrieb haben immer Auswirkungen auf die Zusammenarbeit, die Prozesse und das Ergebnis. Dies gilt genauso für die Konfliktbearbeitung. Es geht nicht nur um die direkt betroffenen Konfliktparteien, die mit dem Mediator in einen Klärungsprozesss gehen. Das Verfahren hat auch Auswirkungen auf die indirekt von den Konflikten Betroffenen im Umfeld der Konfliktparteien und auch auf andere Personen, die in vergleichbaren Arbeitszusammenhängen arbeiten. Außerdem sind in der Regel auch Interessen von Führungskräften auf verschiedenen Ebenen tangiert.

Wie das Ergebnis für die Betroffenen und für das Unternehmen aussieht, entscheidet sich oft schon in der Vorphase. Dabei sind diese Arbeitsschritte in der Vorphase schon Teil der Bearbeitung. Dies war auch in der Halle der „Webermetall GmbH" zu spüren, seit die internen MediatorInnen begonnen hatten, Einzelgespräche zu führen. Nach der Ankündigung der Personalchefin, dass sie die Probleme angehen wolle, und der Bitte, an der Klärung mitzuarbeiten, war eine deutliche Beruhigung in der Halle eingetreten. Die MitarbeiterInnen kannten die Verfahren und hatten verstanden, dass wirklich etwas geschehen würde.

Damit in der Vorphase ein Bearbeitungsplan erstellt werden kann, haben sich folgende Arbeitsschritte als sinnvoll erwiesen.

Schritt 1: Kooperative Auftragsgestaltung

Schritt 2: Transparente Erarbeitung des Settings der Konfliktbearbeitung

Schritt 3: Professionelle Verbindung von interner und externer Mediation

Schritt 1: Kooperative Auftragsgestaltung

Um den Auftrag für eine innerbetriebliche Konfliktbearbeitung zu klären, sind mindestens zwei, oft noch mehrere Aspekte zu beachten:

1. Die Leitung – der sog. De-jure-Auftrag

Die Führung beauftragt eine interne oder externe Mediation, um einen Klärungsprozess in einem konkreten Konflikt in Gang zu setzen und die Störung im Arbeitsprozess zu beheben. Sie trägt die Gesamtverantwortung für den Prozess der Konfliktbearbeitung und die Integration der Ergebnisse in die Arbeitsabläufe.

2. Die internen Konfliktanlaufstellen (Personalmanagement, Rechtsabteilung, Betriebsrat u.a.)

Diese internen Konfliktanlaufstellen waren zumeist schon mit dem Konflikt in irgendeiner Art und Weise befasst und tragen Verantwortung für den Ablauf der Konfliktregelung.

De-facto-Auftrag

3.   Die direkt betroffenen Personen – der sog. De-facto-Auftrag

Auf dieser Ebene findet die eigentliche Konfliktbearbeitung statt. Für die Konfliktparteien ist es wichtig, eine sorgsame und vertrauliche Begleitung in der Lösungsfindung zu haben, aber auch zu wissen, was die Führung von ihnen erwartet und welche Bedeutung die Ergebnisse für die Organisation haben.

Diese drei Ebenen müssen unterschiedlich vorbereitet und im Gesamtprozess immer wieder in einer transparenten Weise miteinander verbunden werden.

Organisationen mit einem bewusst gestalteten Konfliktmanagementsystem sind am besten in der Lage, das Primat der internen Konfliktbearbeitung umzusetzen.

Konflikt-
managment-
Kommission

Die „Hoheit" über den Gesamtprozess liegt bei den internen, verantwortlichen Konfliktmanagern. In unserem Fall ist dies die Konfliktmanagement-Kommission. Für die operative Arbeit in der Konfliktbearbeitung ist die interne Koordinierungsstelle verantwortlich. Sie hält auch den Kontakt zu der externen Mediatorin und bespricht mit ihr die einzelnen Schritte.

Mit den betroffenen Konfliktparteien werden Einzelgespräche geführt. Dazu wurden die internen MediatorInnen Frau Heller und Herr Abel beauftragt. Um diese Gespräche gut auswerten zu können, haben die internen MediatorInnen mit Unterstützung der externen Mediatorin

Interview-
Leitfaden

einen Interview-Leitfaden erarbeitet, der Grundlage der Gespräche ist.

1.   Seit wann arbeiten Sie in der Firma?
2.   Was gehört zu Ihrem Arbeitsgebiet?
3.   Was hat sich für Sie in den letzten Jahren verändert?
4.   Beschreiben Sie bitte die Probleme aus Ihrer Sicht.
5.   Was sind Ihrer Meinung nach die Ursachen dafür?
6.   Erleben Sie diese Probleme als Konflikt? Welche Folgen hat der Konflikt für Sie?
7.   Wer ist daran beteiligt?
8.   Was haben Sie bisher unternommen? An wen haben Sie sich gewandt?
9.   Welche Versuche zur Klärung hat es bisher gegeben?
10.   Was würde passieren, wenn die Probleme nicht geklärt werden?
11.   Sind Sie bereit, an Klärungsgesprächen teilzunehmen?
12.   Haben Sie noch Fragen zum weiteren Verfahren?

Konflikt-
anlaufstelle

Die verantwortliche Führungskraft und die involvierten Konfliktanlaufstellen, meist die Personalabteilung und der Betriebsrat, werden intensiv einbezogen. Dies schafft eine realistische Grundlage für den Prozess der Konfliktbearbeitung und erhöht die Chance für eine reibungslose Umsetzung der Ergebnisse der Mediation.

Nach den Gesprächen entwirft der Verantwortliche der Koordinie-rungsstelle eine interne Arbeits- bzw. Mediationsvereinbarung, die besprochen und von allen internen Beteiligten unterzeichnet wird. Mit der externen Mediatorin wird ein Mediationsvertrag abgeschlossen. Der Verantwortliche der internen Koordinierungsstelle berichtet der Kommission regelmäßig über den Stand des Verfahrens.

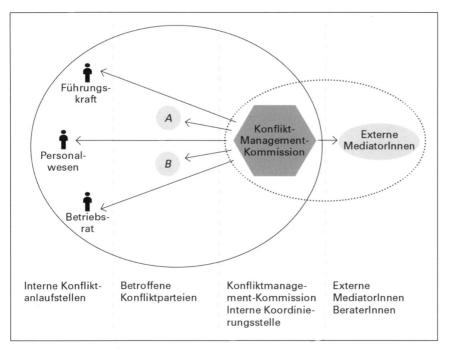

Abb. 2-8: Kooperative Auftragsgestaltung.

Im genannten Beispiel hatte Frau Huber, die Personalentwicklerin, als Verantwortliche für die interne Koordinierungsstelle der „Webermetall GmbH" Gespräche mit den beiden Bereichsleitern für die Produktion und die Projekte geführt. Beide waren über die Verschlechterung des Umgangs zwischen den Mitarbeitern der beiden Bereiche sehr besorgt und versicherten, dass sie die Bearbeitung unterstützten. Auch das Gespräch mit den zuständigen Fachkräften in der Personalabteilung und dem Betriebsrat brachte weitere Hinweise für die Gestaltung der Bearbeitung. Die beiden internen MediatorInnen, Frau Abel und Herr Heller, hatten in der letzten Sitzung der Konfliktmanagement-Kommission den Auftrag erhalten, in der Halle Gespräche mit den Fachkräften an den Maschinen und mit den Projektmanagern zu führen und einen Vorschlag zum Vorgehen zu erarbeiten. Frau Huber war sehr gespannt, welche Ergebnisse die Befragung der Mitarbeitenden in der Halle gebracht hatte.

Koordinierungs-
stelle

Betriebsrat

**Schritt 2: Transparente Erarbeitung des Settings der Konflikt-
bearbeitung**

Die Informationen aus den verschiedenen Gesprächen werden nun zu
einer Gesamtsicht des Konflikts zusammengetragen und Schritt für

Roadmap

Schritt zu einem Mediationsplan – einer „Roadmap" für die Konfliktlösung – verarbeitet. Um den Mediationsplan zu erstellen, sind folgende 6 Punkte zu beachten.

1.   *Die systemische Einordnung:* Bei komplexen Konflikten ist es
hilfreich, sich erst einmal einen Überblick über die beteiligten Personen
und die Form ihrer Beziehung zu verschaffen. Ein einfaches Instrument

Stakeholder-
Modell

dafür ist das sogenannte Stakeholder-Modell, das gut für die Darstellung komplexer Konfliktsituationen geeignet ist.

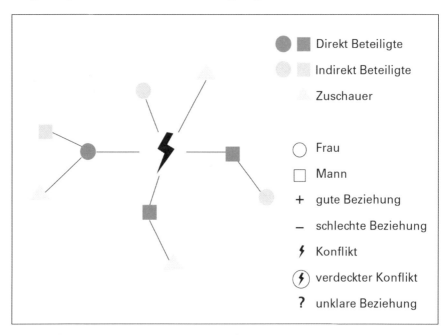

Abb. 2-9: Stakeholder-Modell und Symbole für Systemzeichnungen.

Mit der Einteilung „Direkt Beteiligte / Indirekt Beteiligte / Zuschauer"
gewinnt man schnell einen Überblick auch über verwirrende Konfliktkonstellationen. In diese Übersicht werden nun die Beziehungszeichen
der Systemzeichnung eingetragen.

Die internen MediatorInnen der „Webermetall GmbH" hatten eine
Übersicht über die Produktionshalle als Grundlage der systemischen
Einordnung genommen und die in den Einzelgesprächen gewonnenen
Informationen über die Beziehungen darin eingefügt. Dabei zeigte sich,
dass die Arbeitsbeziehungen zwischen einigen Projektmitarbeitern und
Facharbeitern an den Maschinen besonders schwierig waren. Gleich-

zeitig gab es bei vielen anderen eine gute Kooperation. Besonders auffallend war, dass die Konflikte vor allem im mittleren Teil der Halle auftauchten.

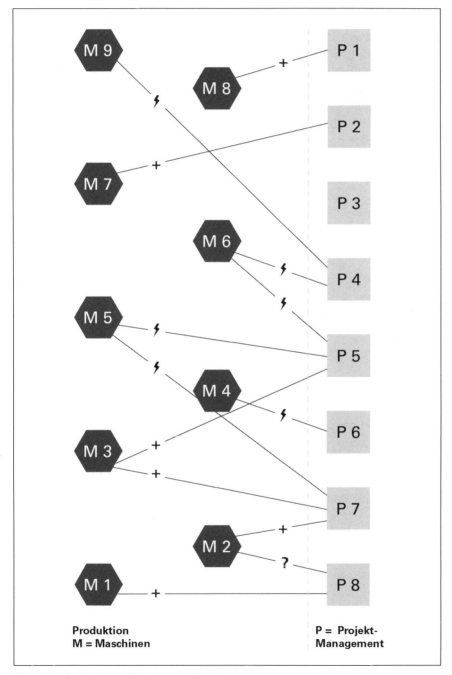

Abb. 2-10: Systemische Einordnung „Halle".

Konflikt-Triade

2. *Die Definition des Konflikts:* In der Systemzeichnung wird der Konflikt in seiner Komplexität und seinen vielfachen Verästelungen in der Organisation betrachtet. Für die Definition des Konflikts sind die Informationen wichtig, die Hinweise darauf geben, ob es sich um eher personale, eher materielle oder eher strukturelle Konflikte handelt. Dazu nutzen wir die Konflikt-Triade 1 (Abb. 2-2). Dabei ist die Unterteilung in die drei Felder aber nicht absolut zu sehen. In den meisten Konflikten in Organisationen sind Hinweise zu allen drei Aspekten vorhanden. Oft schälen sich erst in der Zusammenstellung die Schwerpunkte heraus.

In der „Webermetall GmbH" hatten Frau Abel und Herr Heller die Ergebnisse aus den Gesprächen in die Konflikt-Triade eingetragen und erläuterten sie in der Konfliktmanagement-Kommission.

Konflikt-
management-
Kommission

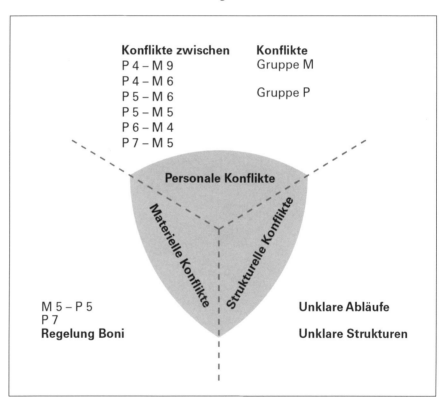

Abb. 2-11: Grafik Triade 1 „Webermetall GmbH".

So gab es eine Reihe von personalen Konflikten in der Halle zwischen den Besatzungen an den Maschinen und den Projektmanagern. Einige Mitarbeitende waren nicht mehr bereit, miteinander zu reden. Bei anderen gab es immer wieder lautstarke Auseinandersetzungen. Besonders kritisch fanden die internen MediatorInnen, dass in vielen Gesprächen pauschale Vorbehalte gegenüber der anderen Gruppe geäußert wurden. Vieles deutete darauf hin, dass eine erhebliche Beeinträchtigung der Zusammenarbeit in der Halle eingetreten war. Es gab Aussagen von Fachkräften an den Maschinen, dass sie in Zukunft nur noch mit ihren Führungskräften und nicht mehr mit den Projektmanagern reden wollten. Einige Projektmanager erhoben den Vorwurf, dass wichtige Projekte von den Fachkräften an den Maschinen torpediert würden. Hintergrund dieser Entwicklung war, dass es bisher nur wenige Regelungen in den Abläufen gab. So mussten die Projektmanager im Einzelfall mit den Kollegen verhandeln. Und dabei war offenbar einiges aus dem Ruder gelaufen. Neben diesen strukturellen Aspekten gab es auch einige eher materielle Aspekte, die zu Schwierigkeiten führten. So entsprachen die Regelungen für die Bezahlung nicht mehr dem aktuellen Stand der Arbeit. Besonders deutlich wurde dies an der Maschine M 5, die von verschiedenen Seiten beansprucht wird.

Projektmanager

3. *Analyse der Eskalation des Konflikts:* Konflikte, die nicht bearbeitet werden, haben die Tendenz, sich auszubreiten und zu eskalieren. Für die Bearbeitung ist es sinnvoll, eine Vorstellung zu haben, wie weit der Konflikt eskaliert ist. Dieses Bild hat Friedrich Glasl mit dem Modell der Eskalationsstufen geschaffen (Glasl 2013: 235 ff.). Die 9 Stufen der Eskalation bieten eine Grundlage dafür, die Entwicklung von Konflikten einordnen und eine geeignete Herangehensweise für die Konfliktbearbeitung wählen zu können. Je nach Eskalationsgrad kann die Mediatorin unterschiedlich intervenieren.

Konflikt-eskalation

So sind bei Stufe 1 und 2 eine Konfliktberatung, eine Konfliktmoderation oder ein Konfliktcoaching oder auch ein einmaliges Klärungsgespräch ausreichend. Bei Stufen 3 bis 6 ist transformative Mediation sinnvoll. Ab Stufe 7 ist ein freiwilliges oder obligatorisches Schiedsverfahren ratsam, oder es ist eine Entscheidung des Managements notwendig, da die Konfliktbeteiligten in der Regel nicht mehr die Bereitschaft zeigen, zu einer kooperativen Lösung zu kommen bzw. damit völlig überfordert wären.

Moderation, Coaching

Wenn das Unternehmen – wie die „Webermetall GmbH" – ein erweitertes Konfliktmanagementsystem besitzt, ist das Modell der Eskalationsstufen eine wichtige Grundlage für den Einsatz von Konflikt - lotsen und internen MediatorInnen. Konfliktlotsen intervenieren nur bei Konflikten der Stufen 1 bis 3. Sie sind ausgebildet in Konfliktberatung und niedrigschwelligen Klärungsgesprächen. Die internen MediatorInnen führen im Auftrag der internen Koordinierungsstelle Mediationen in Fällen durch, die sich auf Stufe 4 bis 5 bewegen. Tiefer eskalierte Konflikte werden besser von der externen Mediatorin bearbeitet, weil sie nicht Teil des Systems ist.

Konfliktlotsen

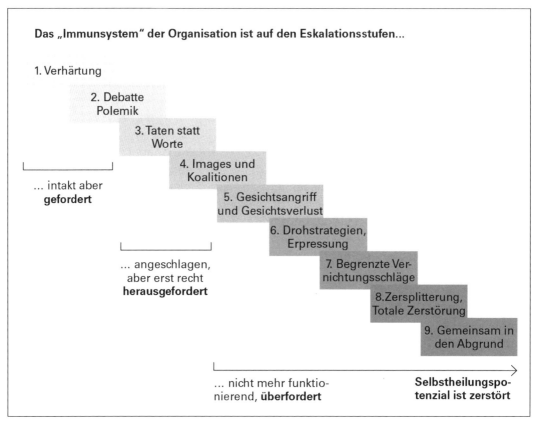

Abb. 2-12: Grafik Eskalationsstufen nach Glasl.

In der Halle bei „Webermetall GmbH" bewegen sich die Konflikte nach Einschätzung der internen MediatorInnen auf Stufe 3 mit einer deutlichen Tendenz zu 4. Die Auseinandersetzungen finden noch überwiegend auf der Sachebene statt. Zwischen einigen Mitarbeitenden ist der Prozess aber schon weiter fortgeschritten. Für das Vorgehen in der Konfliktbearbeitung bedeutet dies, dass sich viele der einzelnen Konfrontationen wahrscheinlich relativ schnell auflösen lassen, wenn einige Rahmenbedingungen neu geregelt werden.

4.   Entscheidung über die Bearbeitungsrichtung: In den ersten drei Schritten hat der Mediator genügend Informationen gesammelt, um eine Entscheidung über die Bearbeitungsrichtung zu treffen. Grundlage ist die Konflikt-Triade II (Abb. 2-3). Bei überwiegend personalen Konflikten werden klassische Mediationstechniken eingesetzt. Bei überwiegend materiellen Konflikten wird überlegt, wie Settings der Verhandlung eingesetzt werden. Hier steht die Sachklärung im Vordergrund, weniger die Beziehungsklärung. Bei überwiegend strukturellen Konflik-

Konflikt-Triade

ten wird die Konfliktbearbeitung mit Elementen der Personal- oder Organisationsentwicklung verbunden.

In der Diskussion der Konfliktmanagement-Kommission gab es schnell Einigkeit, dass bei den Problemen in der Halle die strukturellen Aspekte überwiegen. Die Regelungen für die Bezahlung der Fachkräfte an den Maschinen entsprachen nicht mehr den veränderten Anforderungen. Dies galt auch für die Strukturierung der Arbeitsabläufe in der Halle. Die Arbeiten für die Maschinenbauunternehmen erfordern andere Verfahren als für den Automobilkonzern. Gleichzeitig gab es eine Reihe von personalen Konflikten, deren Klärung für die Verbesserung des Arbeitsklimas wichtig war.

5.   Auswahl der Techniken: Wenn die Entscheidung über die wesentlichen Schritte für das Verfahren der Konfliktbearbeitung gefallen ist, geht es darum, die dafür sinnvollen Techniken auszuwählen. Grundlage dafür sind die 12 möglichen Techniken der systemischen Konfliktbearbeitung in Organisationen, die der Autor entwickelt und beschrieben hat (Faller/Faller 2014: 56). Diese Techniken sind wie in einem Werkzeugkasten zusammengefasst, den Abbildung 2-2 zeigt. Er enthält Instrumente und Techniken für unterschiedliche Konfliktkonstellationen. Sei es, dass die Mediatorin mit Einzelnen, mit zwei Parteien, mit Gruppen oder in hierarchischen Strukturen arbeitet.

Da in diesem Konfliktbeispiel die strukturellen Aspekte überwiegen, sollte zuerst die Klärung der Rahmenbedingungen angegangen werden. Und weil dafür längere Verhandlungen zwischen Geschäftsführung und Betriebsrat notwendig sind, könnten gleichzeitig weitere Interventionen in der Halle geplant werden. Wichtig ist die Botschaft der Geschäftsführung und des Betriebsrats, dass die Verhandlungen über die Neuregelung der Bezahlung aufgenommen werden.

Bei den verhärteten Konflikten zwischen den Mitarbeitenden werden Mediationen mit den internen MediatorInnen angeboten. In einem tief eskalierten und besonders gelagerten Fall wird die externe Mediatorin einbezogen. Um Regelungen für die Arbeitsabläufe in der Halle zu finden, wird eine Gruppenmediation mit VertreterInnen beider Gruppen geplant, die Sichtweisen beider Gruppen darstellen, die entstandenen Probleme aufarbeiten und einen Vorschlag für Regelungen entwickeln. Diese sollen dann den Entscheidungsgremien vorgelegt werden.

6.   Erarbeiten des Designs zur Konfliktbearbeitung: In den bisherigen 5 Schritten haben die MediatorInnen genügend Informationen gesammelt und erste Entscheidungen getroffen, dass sie nun ein Design – also einen konkreten Mediationsplan – erstellen können. Dazu werden die Ziele formuliert und die einzelnen Schritte festgelegt.

[Marginalien:]

Personalentwicklung, Organisationsentwicklung

Betriebsrat, Geschäftsführung

Entscheidungsgremien

Der Mediationsplan für die Konfliktbearbeitung in der Halle umfasst eine Beschreibung der Ausgangssituation: Die Verschlechterung des Arbeitsklimas in der Halle und die zunehmenden Probleme in der Zusammenarbeit zwischen den Fachkräften an den Maschinen und den Projektmanagern sind ein ernster Hinweis, dass bisherige Regelungen und Festlegungen neu überdacht werden müssen. Schon jetzt sind hohe Konfliktkosten entstanden.

Und in dem Plan werden die Ziele definiert:

A.   Schaffung eines konstruktiven, kooperativen und lösungsorientierten Umgangs miteinander in der Halle

Rahmen-
bedingungen

B.   Klärung der Rahmenbedingungen aufgrund der veränderten Anforderungen

C.   Bereinigung der entstandenen persönlichen Konflikte

Roadmap

Als mögliche Stationen einer Roadmap werden angeführt:

(1)   Erläuterung der geplanten Schritte bei einer Betriebsversammlung

(2)   Workshops mit Konfliktlotsen und internen MediatorInnen zu ihren Aufgaben in dem Bearbeitungsprozess

(3)   Beginn der Verhandlungen zwischen Geschäftsführung und Betriebsrat zur Neuregelung der Bezahlung

(4)   Mediationen zu einzelnen Konflikten in der Halle

(5)   Gruppenmediation mit VertreterInnen beider Gruppen

(6)   Darstellung der Ergebnisse in einer Betriebsversammlung

(7)   Trainings für Führungskräfte zu „Führen mit Mediationskompetenz"

Schritt 3: Professionelle Verbindung von interner und externer Mediation

Konfliktlotsen

In diesem Fall hatte die Mediatorin und Systemdesignerin die Konfliktlotsen und internen MediatorInnen ausgebildet und die Kommission begleitet. Dadurch war ein gemeinsames Verständnis des Vorgehens und der Anwendung der Techniken entstanden. Die internen Verantwortlichen konnten die externe Mediatorin zur Unterstützung bei schwierigen Bearbeitungen einsetzen. Meist war noch eine interne Mediatorin als Co-Mediatorin beteiligt und konnte dabei neue Techniken kennenlernen und Sicherheit in der Mediation gewinnen.

Durch dieses System von interner und externer Mediation werden das Primat der internen Konfliktbearbeitung sowie die Weiterentwicklung der Qualität der Vermittlungsarbeit gesichert.

Abschließend folgt die Erläuterung zum Hauptprinzip 3.

2.3 Hauptprinzip 3: Von der Konfliktbearbeitung zum Konfliktmanagement

Durch die Verbindung von interner und externer Mediation werden die Eigenkräfte der Organisation in der Bearbeitung von Konflikten gestärkt. Die Unternehmen erlangen eine höhere Konfliktfestigkeit, wenn diese Kompetenzen systematisch eingesetzt werden und ein Konfliktmanagementsystem entwickelt wird.
Ein Konfliktmanagementsystem umfasst:

– *Instrumente* zur Früherkennung und frühzeitigen Erfassung von Konflikten am Arbeitsplatz

Instrumente

– *Strukturen* zur interessenbasierten, möglichst niedrigschwelligen Bearbeitung von auftretenden Konflikten

Strukturen

– *Verfahren,* in denen die Informationen zu den organisationalen Konfliktpotenzialen als Signal für Veränderung und als Unterstützung der anderen Managementsysteme im Unternehmen genutzt werden

Verfahren

Die Entwicklung und Implementierung eines Konfliktmanagementsystems ist ein Prozess, der Elemente der bestehenden Organisationskultur und vorhandene Strukturen der Konfliktregelung tangiert und verändert. Es ist eine Organisationsentwicklung, die in enger Kooperation zwischen dem internen Verantwortlichen und der externen Systemdesignerin durchgeführt wird. Dabei ist es wichtig, dass Inhalt und Form kongruent sind, so dass auch in der Entwicklung des Konfliktmanagementsystems Haltung und Techniken der Mediation bestimmend sind. Dies lässt sich durch die Beachtung folgender Grundsätze der Organisationsentwicklung praktisch umsetzen (siehe Glasl in Glasl/Kalcher/Piber 2014: 46 ff.):

Organisationsentwicklung

– Die Betroffenen gestalten die Veränderungen aktiv mit. Das gilt vor allem für die bestehenden Konfliktanlaufstellen, deren Arbeit mit Wertschätzung begegnet wird.

– Die individuellen Entwicklungsbedürfnisse werden mit den Zielen und Strukturen der Organisation verbunden.

– Es geht um bewusstes, methodisches und planmäßiges Gestalten und Steuern des Vorgehens. Eine Orientierung bietet die Systemdesignschleife.

– Es werden gemeinsame Lernprozesse gestaltet. Mitarbeitenden und Führungskräften werden die Fähigkeiten und Kompetenzen vermittelt, mit Konflikten konstruktiv umzugehen und Konfliktbearbeitungen durchzuführen.

– Es werden einerseits Probleme der Organisation gelöst, und dies geschieht auf eine Weise, dass anderseits

–   die Problemlösungsfähigkeit der Organisation gesteigert wird, weil das Konfliktmanagementsystem mit anderen Managementsystemen verbunden wird.

Um diese Ziele umsetzen zu können, ist es hilfreich, die 7 Wesenselemente und die 7 OE-Basisprozesse für das schrittweise Erarbeiten und Umsetzen von Veränderungen sorgsam zu beachten. Das Trigon-Modell der 7 OE-Basisprozesse (Glasl/Kalcher/Piber 2014: 101 ff.) ist die
Prozessberatung   Grundlage für eine professionelle Prozessberatung, mit deren Hilfe ein KMS entwickelt, entworfen und implementiert wird.

3. Elemente eines Systemdesigns

Die erfolgreich verlaufene Konfliktbearbeitung in der „Webermetall GmbH" zeigt, welche Vorteile ein mediativ erweitertes Konfliktmanagementsystem in schwierigen Situationen für das Unternehmen hat.

Das Unternehmen kann mit diesem System
- früher erkennen, wenn Probleme in den Abläufen entstehen; die dabei auftretenden Konflikte sind Warnsignale,
- ruhig und überlegt die notwendigen Maßnahmen planen,
- interessensorientierte Verfahren und organisatorische Entscheidungen auf eine effektive Weise verbinden und
- eine achtsame Führung durch eine Sensibilität für Abläufe und Beziehungen umsetzen.

Dafür ist es notwendig, das bestehende System der Konfliktregelung zu untersuchen und in einer geeigneten Form zu erweitern.

Ein neues, erweitertes Konfliktmanagementsystem (KMS) geht von den bisherigen Erfahrungen des Unternehmens im Umgang mit Konflikten aus. Grundlage der Entwicklung sind die bestehenden Strukturen und Abläufe der Konfliktregelung; es wird erweitert und ergänzt durch neue, mediative Strukturen und Abläufe, die dazu beitragen, dass Konflikte früher erkannt und eigenverantwortlich bearbeiten werden können, und es wird verbunden mit anderen Elementen der Unternehmenskultur, vor allem mit anderen Managementsystemen wie Gesundheitsmanagement, Qualitätsmanagement und dgl. **Strukturen, Abläufe**

Als Systemdesigner sollten wir dies immer im Blick haben. Unser Hauptaugenmerk liegt aber auf der Erweiterung des Bestehenden durch interessensorientierte, mediative Verfahren und ihre strukturelle Einbettung in der Organisation. Neben dem bestehenden System werden neue Strukturen und Abläufe aufgebaut und wieder mit ihm verbunden. **Qualitätsmanagement, Gesundheitsmanagement**

Interessen

Auf diesen Aufbau neuer Formen der Konfliktregelung konzentriert sich das Systemdesign. Es geht darum, einen für das Unternehmen passenden Ansatz für die Erweiterung zu finden, mit den betroffenen Menschen in der Organisation neue Strukturen und Abläufe zu entwickeln und sie dauerhaft zu implementieren.

3.1   Klare Einbettung und relative Unabhängigkeit

Mediation ist eine dienende Disziplin. Strukturen und Abläufe für die mediative Konfliktbearbeitung orientieren sich an den Zielen und der Kultur der Organisation. Sie werden integriert in die bestehenden Strukturen und Abläufe der Konfliktregelung. Um aber ihre Wirkung in der Organisation entfalten zu können, brauchen sie eine relative Unabhängigkeit. Interessensorientierte und mediative Verfahren sind nur effektiv im Sinne des Unternehmens, wenn es geschützte Räume und Vertraulichkeit in den Verfahren der Konfliktregelung gibt.
Klare Einbettung in die Organisation und eine relative Unabhängigkeit in den Verfahren sind zwei Seiten einer Medaille. Beide Seiten müssen im Prozess der Entwicklung und Implementierung eines System-designs austariert werden. Diese Balance, die zu Beginn gefunden wird, verändert sich oft noch in der Anwendung. Zu Beginn fürchten Führungskräfte manchmal um ihre Kontrolle, wenn sie nur über die Ziele und die Ergebnisse der Mediation informiert werden und keine Informationen aus den Gesprächen erhalten. Auch Mitarbeitende haben in Bearbeitungsprozessen manchmal Probleme mit der geforderten Vertraulichkeit. Diese Bedenken treten in den Hintergrund, wenn praktische Erfahrungen gemacht werden.

3.2   Aufbaustruktur für ein Systemdesign

Wenn wir etwas Neues entwickeln, stehen wir immer auf den Schultern von Anderen. Deren Erfahrungen sind die Grundlage dafür, einen Schritt weiterzugehen.
Um bei der Entwicklung eines speziellen, auf die Kultur und Struktur eines Unternehmens zugeschnittenen Systemdesigns die allgemeinen Erfahrungen zu nützen, hat der Autor die MEDIUS-Modell-Matrix erarbeitet. Die Matrix verbindet aus zwei Blickwinkeln die Einteilung in Strukturmodelle entsprechend der Verankerungstiefe in der Organisation mit verschiedenen Ansätzen, die sich in der Praxis bewährt haben.
In der Mitte des Wortes Konfliktmanagementsystem steht Management. Konfliktmanagement ist in erster Linie Management. Um die unterschiedlichen Strukturmodelle einordnen zu können, ist zu prüfen, wie stark und intensiv sie die Strukturen zur Gestaltung, Steuerung und Weiterentwicklung des Unternehmens erweitern bzw. verändern, d. h. wie tief sie organisational im Gesamtsystem verankert sind. Von dieser Überlegung ausgehend sind vier mögliche Strukturmodelle zu identifizieren, die unterschiedlich tief in der Organisation verankert sind.

Ansätze / Verankerungstiefe	Neue Konfliktanlaufstelle (KAS)	Erweiterung bestehender KAS	Konfliktlotsen-Modell	Kommissions-Modell	Unternehmenskultur
Mediationsprojekt	**1** Interne/r Mediator/in	**2** Erweiterung der Beratungsarbeit durch mediative Techniken	**3** Einzelne Ansprechpartner mit mediativer Grundausbildung	**4** Punktuelle Verabredung zum Einsatz von MediatorInnen	**5** Angebote in Fortbildung und Anwendung von Mediation
Mediationssystem	**6** Neue KAS, verabredete Abläufe für interne und externe Mediation	**7** Systematische Einbindung mediativer Techniken in Regelabläufe der best. KAS	**8** Koordinierte Ausbildung und Einsatz von Konfliktlotsen	**9** Verabredete Abläufe für interne und externe Mediation	**10** Qualifizierung von KAS und Führungskräften
Konfliktmanagmentsystem	**11** Mit KAS und Führungkoordinierte Strukturder Konfliktbearbeitungüber neue KAS	**12** Mit KAS und Führungkoordinierte Strukturder Konfliktbearbeitungeiner best. KAS	**13** Dokumentation und zentrale Auswertung der Gespräche, Integration in Berichtswesen	**14** Dokumentation und zentrale Auswertung der Gespräche, Integration in Berichtswesen	**15** Entwickeln einer Verantwortungskultur
Integriertes Konflikt managmentsystem	**16** Systematische Verbindung mit QM & anderen Managementsystemen	**17** Systematische Verbindung mit QM & anderen Managementsystemen	**18** Systematische Verbindung mit QM & anderen Managementsystemen	**19** Systematische Verbindung mit QM & anderen Managementsystemen	**20** Verankerung in Leitbild, Führungsleitsätzen und Managementsystemen

© Kurt Faller

Abb. 3-1: Die MEDIUS-Modell-Matrix.

(1) Mediationsprojekt

Als Mediationsprojekte sind vereinzelte Ansätze von Mediation im Unternehmen zu sehen. Ein Mitarbeiter oder eine Führungskraft hat – vielleicht auf eigenen Antrieb – eine Mediationsausbildung absolviert. Die Führung und/oder eine der klassischen Konfliktanlaufstellen nimmt diese Ressource auf und schafft die Rahmenbedingungen, dass MediatorInnen als Vermittler in internen Konflikten tätig werden können.

Mediationsprojekte

Konfliktanlaufstellen

Charakteristische Strukturelemente sind:
– Mitarbeitende oder Führungskräfte im Unternehmen mit Mediationsausbildung
– Ausdrückliche Erlaubnis der Führung und möglichst der relevanten bestehenden Konfliktanlaufstellen

An Instrumenten kommen zum Einsatz:
–   Absprachen bei Konfliktbearbeitung

Vorgesehene Systemsteuerung:
–   Keine

(2)   Mediationssystem

Konfliktlotsen

Als Mediationssystem sind der systematische Einsatz von internen MediatorInnen, Konfliktlotsen, KonfliktnavigatorInnen oder Mediativen BeraterInnen und die dazu geschaffenen Strukturen zu sehen. Diese neuen Strukturen sind aber nicht mit den Kernprozessen des Unternehmens verbunden.

Die meisten Projekte, die in der aktuellen Debatte als Konfliktmanagementsysteme dargestellt werden, sind nach dieser Definition als Mediationssysteme zu bezeichnen. Mediationsprojekte und Mediationssysteme sind eine wichtige Vorstufe für Konfliktmanagementsysteme.

Charakteristische Strukturelemente sind:

Konflikt-
management-
Kommission

–   Neue Konfliktanlaufstelle zur Konfliktverwaltung
–   Zentrale Konfliktmanagement-Kommission
–   Ausgebildete Konfliktlotsen
–   Interner Mediatoren-Pool

Folgende Instrumente kommen zum Einsatz:
–   Handbuch
–   Interne Mediationsvereinbarung
–   Dokumentation

Vorgesehene Systemsteuerung:
–   Verankerung Konfliktanlaufstelle
–   Ausbildung von Konfliktlotsen und internen MediatorInnen
–   Betreuung und Qualitätssicherung

(3)   Konfliktmanagementsysteme

Betriebsrat

Als Konfliktmanagementsystem ist der systematische und strukturierte Einsatz von Meditation und anderen interessensorientierten Formen von Konfliktmanagement zu sehen, die mit den Kernprozessen im Unternehmen verbunden sind. Das bedeutet, dass die neuen Strukturen und Abläufe fest in das bestehende Vorgehen von Personalabteilung, Rechtsabteilung und auch Betriebsrat integriert sind und in der Steuerung des Unternehmens (Berichtswesen, Managementteam) berücksichtigt werden.

Charakteristische Strukturelemente sind:
– Neue Konfliktanlaufstelle, zentrale Konfliktmanagement-Kommission
– Konfliktlotsen-Struktur in Abteilungen
– Übergreifender interner Mediatoren-Pool

Folgende Instrumente kommen zum Einsatz:
– Handbuch
– Feedback an Führung und bestehende Konfliktanlaufstellen

Vorgesehene Systemsteuerung:
– Betriebsvereinbarung
– Begleitung, Betreuung und Qualifizierung

Betriebs-
vereinbarung

(4) Integriertes Konfliktmanagementsystem
Integrierte KMS sind zusätzlich eng verbunden mit den anderen Managementsystemen im Unternehmen wie Qualitätsmanagement, Beschwerdemanagement, Gesundheitsmanagement und Change Management bis hin zu Kennzahlensystemen wie der BalancedScoreCard. Es bedeutet auch, dass die Konfliktregelung nach innen und nach außen koordiniert wird. In der Praxis gibt es noch wenige Unternehmen, die das Konfliktmanagement so weit ausgebaut haben. In einigen Firmen wie z. B. der Firma Wozabal in Linz (A) gibt es eine enge Verknüpfung von Konfliktmanagement und Qualitätsmanagement. Die Firma Bombardier besitzt ein systematisches Konfliktmanagement für externe Konflikte (B2B), das auch für innerbetriebliche Konfliktbearbeitungen genutzt werden kann.

Qualitäts-
management,
Beschwerde-
management,
Gesundheits-
management

Je nach Verankerungstiefe entscheiden unterschiedliche Hierarchieebenen über die Einführung von neuen, mediativen Strukturen und Abläufen. Mediationsprojekte werden zumeist auf Abteilungsebene eingeführt. Ein Mediationssystem wird in größeren Unternehmen von den Führungsebenen von Personalmanagement oder Rechtsabteilung, meist in Kooperation mit dem Betriebsrat, installiert. Konfliktmanagementsysteme werden vom Topmanagement beschlossen (Abb. 3-2). Der andere Blickwinkel der Matrix (Abb. 3-1) bezieht sich auf verschiedene, aus der praktischen Erfahrung entstandene Ansätze, die in den 5 Spalten der Matrix beschrieben sind.

Verankerungs-
tiefe

A. Neue Konfliktanlaufstelle:
In einigen Unternehmen (z. B. ZDF in Mainz oder die Generali-Versicherung in Österreich) wurden eigene, neue Stellen für Mediation eingerichtet. Dafür wurden MediatorInnen eingestellt, die als Konfliktanlaufstelle und Ansprechpartner für Mitarbeitende und Führungskräfte zur Verfügung stehen.

Konflikt-
anlaufstelle

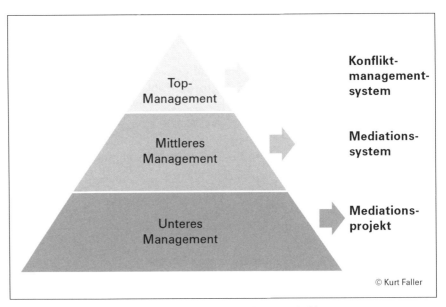

Abb. 3-2: Führungsebenen, die über das Systemdesign entscheiden.

B.   Erweiterung bestehender Konfliktanlaufstellen:
Während es nur wenige Beispiele für die Einrichtungen neuer Stellen gibt, ist der Ansatz der Erweiterung bestehender Konfliktanlaufstellen

Personal-
entwicklung.
Organisations-
entwicklung

weiter verbreitet. In vielen Organisationen haben sich Vertreter von Personalentwicklung, Organisationsentwicklung und Sozialberatung als MediatorInnen weitergebildet und mediative Techniken in ihre Beratungsarbeit eingebaut. Damit haben sie das Angebot ihrer Stelle für das Unternehmen erweitert. Ein besonderes Beispiel dafür ist die Sozialberatung des Chemieparks Marl (Evonik AG), die mit großem Erfolg „Arbeitsplatzkonfliktmoderation" für die 14 000 Beschäftigen des Chemieparks anbietet. In diesem Unternehmen wurde dies wie in Abbildung 3-3 visualisiert und kommuniziert.
C.   Konfliktlotsenmodelle:

Konfliktlotsen,
Konflikt-
navigatoren

Als „Konfliktlotsen" oder „Mediative Berater" werden Mitarbeitende bezeichnet, die vor Ort in den Abteilungen und Gruppen als AnsprechpartnerInnen für Konflikte zur Verfügung stehen. Die SAP AG hat dafür den Begriff „Konfliktnavigatoren" gewählt, andere sprechen u.a. von „Konfliktpiloten" und „Konfliktbeauftragten". Sie erhalten eine entsprechende Ausbildung und werden in der Regel von einer zentralen Stelle im Unternehmen betreut. Der Begriff Konfliktlotse hat sich inzwischen bei derartigen niedrigschwelligen Projekten durchgesetzt. Erstmals eingeführt in der Schulmediation (siehe Hagedorn 1994) wurde der Begriff von Andrea Budde in dem breit angelegten Projekt „QUAK" und dann auf Betriebe und Verwaltungen übertragen (Budde 1999).

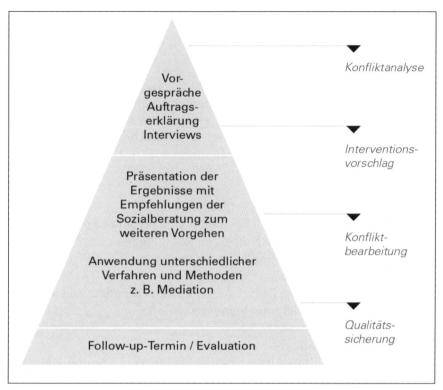

Abb. 3-3: Konzept der Sozialberatung bei Arbeitsplatzkonflikten Evonik Industries AG.

Der große Gewinn der Arbeit von Konfliktlotsen im Unternehmen besteht darin, dass sie direkt vor Ort intervenieren können, wenn Probleme und Konflikte noch am Anfang sind und erst ihre destruktive Wirkung zu entfalten beginnen. Das System der Konfliktlotsen ist damit die erste Konfliktanlaufstelle am Arbeitsplatz. Damit wird direkt vor Ort eine Art Frühwarnsystem und erste Interventionsebene bei Konflikten etabliert.

Konfliktlotsen übernehmen als reguläre MitarbeiterInnen zusätzliche Verantwortung für die Kooperation in Teams und das Arbeitsklima. Sie sind als VermittlerInnen sehr effektiv bei beginnenden Konflikten, aber nicht für eskalierte Konfliktsituationen einsetzbar. Daher werden die Einsatzmöglichkeiten genau definiert. Konfliktlotsen können und sollen bei Konflikten bis Stufe 2, maximal Stufe 3 der Eskalationsskala von Glasl tätig werden (Glasl 2013: 235 ff.). Ab Stufe 3 beziehen sie die Koordinierungsstelle ein. Konfliktlotsen führen daher auch keine Mediationen durch, sondern beraten ihre KollegInnen in einem Konflikt, stehen als Gesprächspartner zur Verfügung und moderieren einfache Klärungsgespräche zwischen Mitarbeitenden.

Für diese Aufgabenstellung werden die Konfliktlotsen ausgebildet.

Frühwarnsystem

Konflikteskalation

**Betriebs-
vereinbarung**

In der Betriebsvereinbarung zwischen Geschäftsleitung und Betriebsrat der Linzer Firma Wozabal heißt es:

„Konfliktlotsen bei der Firma Wozabal

Zielsetzungen:

Konflikte sollen frühzeitig erkannt und konstruktiv bearbeitet werden, um das Arbeitsklima und die Unternehmenskultur weiter zu verbessern. Dafür schaffen wir für alle Mitarbeiter die Möglichkeit, bei auftretenden Konflikten direkten Kontakt mit Konfliktlotsen aufzunehmen.

Konfliktlotsen

An jedem Standort werden 3–4 Mitarbeitende zu Konfliktlotsen ausgebildet.

Was macht ein Konfliktlotse?

–   Vertrauensperson für KollegInnen
–   Unterstützt KollegInnen bei der Lösung aktueller Konflikte
–   Betroffene wenden sich direkt an Konfliktlotsen
–   Konfliktlotse führt Einzel- und Klärungsgespräche bzw. macht Konfliktberatungen
–   Bei komplizierteren Fällen: Aufnahme des Konflikts und Information an die Konfliktmanagement-Kommission"

**Konflikt-
management-
Kommission**

D.   Kommissionsmodell:

Viele, vor allem größere Firmen haben für mehrere Facetten der Konfliktprävention und Konfliktregelung eigene Stellen und Verfahren geschaffen. Damit gibt es bereits umfangreiche Ressourcen im Unternehmen. Allerdings arbeiten diese Stellen häufig nicht zusammen. Gute Erfahrungen gibt es mit der Zusammenfassung dieser Personen oder Stellen in einem Gremium, dessen Fokus auf interessensorientierte und mediative Verfahren gerichtet ist. In dieser Kommission können die Beteiligten ihre jeweiligen Ressourcen einbringen und gemeinsam neue Schritte überlegen. Vertreter aus diesen verschiedenen Bereichen können als interne MediatorInnen ausgebildet und in

Mediatoren-Pool

einem Mediatoren-Pool zusammengefasst werden, der von einer der beteiligten Stellen koordiniert wird.

E.   Organisationskultur:

Eine breite Diskussion im Unternehmen über Konflikte und Konfliktregelung wirft auch eine grundlegende Frage auf: Wie gehen wir in der Organisation miteinander um? Damit steht das Thema einer Veränderung der Unternehmenskultur im Raum. Dann geht es nicht nur um

**Organisations-
kultur**

Konfliktregelung, sondern um die Stärkung von Interessensorientierung, Eigenverantwortung, Dialog, Verhandlung und Vermittlung im alltäglichen Umgang. Ein Weg ist die Entwicklung einer Verantwortungskultur. Verantwortung spielt im Arbeitsleben heute eine zentrale Rolle. Der Heidelberger Organisationsberater Bernd Schmid veranschaulicht in seinem Modell, wie man durch einen Verantwortungsdialog ein Verantwortungssystem im Unternehmen aufbauen kann. Ein bekanntes Beispiel ist die dialogisch orientierte Führungskultur beim dm-Drogerie-Markt.

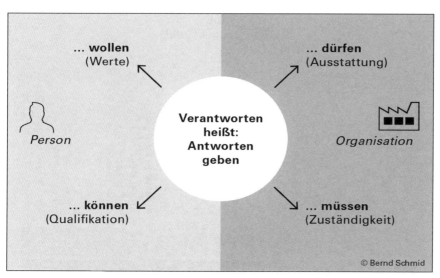

Abb. 3-4: Verantwortungssystem nach Bernd Schmid.

Durch die Kombination der Verantwortungstiefe mit den 5 Ansätzen entsteht die Matrix mit 20 Projektfeldern, die einzeln oder kombiniert Möglichkeiten für die Aufbaustruktur eines erweiterten Konfliktmanagementsystems aufzeigt.

Aufbaustruktur

Die Aufbaustruktur des Konfliktmanagementsystems der „Webermetall GmbH" beruht als Kombination mehrerer Elemente auf 5 Säulen und wird in der Firma wie in Abbildung 3-5 dargestellt.

Grundlage des KMS ist das Leitbild des Unternehmens, in dem u.a. folgende Sätze stehen:

– „Gute Ergebnisse können nur erzielt werden, wenn die MitarbeiterInnen zufrieden sind und ein positives Arbeitsklima vorhanden ist.

– Probleme und Konflikte werden schnell und konstruktiv geklärt.

– Wir lernen aus Fehlern."

Diese grundlegenden Aussagen sind in den Führungsleitlinien noch deutlicher formuliert unter den Überschriften „Wertschätzung", „Klarheit", „Ausgleich von Interessen" und „Feedback".

*Führungs-
leitlinien*

Auf dieser Basis stehen die 5 „Säulen" des KMS:

1. Konfliktlotsen

Konfliktlotsen

In der Firma gibt es 60 Konfliktlotsen, davon 45 in der „Halle". Dabei wurde darauf geachtet, dass diese in allen Abteilungen und Schicht-

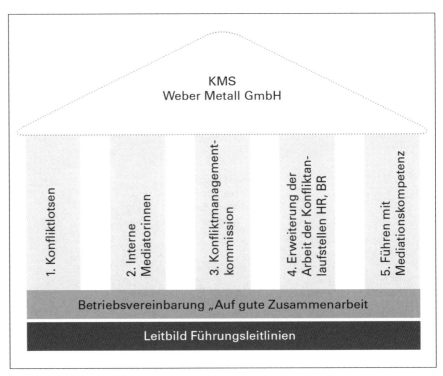

Abb. 3-5: KMS bei der „Webermetall GmbH".

Betriebs-
vereinbarung

gruppen als direkte AnsprechpartnerInnen zur Verfügung stehen. In der Betriebsvereinbarung ist klar ausgesprochen, dass die Konfliktlotsen betreut und bei Veränderungen wieder neue Personen ausgebildet werden.

2.   *Interne MediatorInnen*

18 MitarbeiterInnen aus verschiedenen Bereichen wurden als interne MediatorInnen ausgebildet. Sie sind in einem Mediatoren-Pool zusammengefasst, und ihr Einsatz bei internen Konfliktbearbeitungen wird von der Koordinierungsstelle ausgelöst. Die internen MediatorInnen arbeiten in der Regel im Tandem und bearbeiten Konflikte zwischen MitarbeiterInnen und in Teams.

Bei eher strukturellen Konflikten zwischen MitarbeiterInnen und Führungskräften oder bei größeren Gruppen prüft die Koordinierungsstelle, ob eine dem Unternehmen bekannte externe Mediatorin beauftragt wird.

Konflikt-
management-
Kommission

3.   *Konfliktmanagement-Kommission*

Die Kommission ist im Unternehmen verantwortlich für die Betreuung und Begleitung der Konfliktlotsen und internen MediatorInnen. Sie trifft Entscheidungen über komplexere Bearbeitungen und Einbeziehung von externen MediatorInnen. In regelmäßigen Abständen informiert

sie das Managementteam über Ergebnisse und Hinweise aus Konfliktbearbeitungen. So hatte die Kommission nach mehreren Hinweisen
der Konfliktlotsen die internen MediatorInnen Frau Heller und Herrn
Abel beauftragt, in der Halle Gespräche zu führen und einen Vorschlag
zum Vorgehen auszuarbeiten.

4.   *Erweiterung der Arbeit der bisherigen Konfliktanlaufstellen*

Die klassischen Konfliktanlaufstellen im Betrieb – die Personalabteilung, die Rechtsabteilung und der Betriebsrat – haben in getrennten
Seminaren (2 x 2 Tage) die Grundlagen von Mediation und Verhandlung
kennengelernt. Sie beschäftigten sich mit den bisherigen Verfahren
und Abläufen, diskutierten intensiv, an welchen Punkten sie zusätzliche
Formen von Verhandlung und Vermittlung einbauen könnten und wie
die neuen Konfliktanlaufstellen zu nutzen sind. So verstärkten alle drei
Institutionen Einzelgespräche im Vorfeld, um manche Probleme vor
einem formalen Verfahren regeln zu können. Ausgehend von ihren
jeweiligen Aufgaben besprechen sie Punkte, an denen sie Konfliktlotsen und interne MediatorInnen einsetzen könnten. In einem weiteren
Seminar, an dem VertreterInnen aus den drei Institutionen teilnahmen,
wurde ausgearbeitet, wie in Verfahren, an denen Personal- oder
Rechtsabteilung und der Betriebsrat beteiligt sind, die neuen Konfliktanlaufstellen einbezogen werden können. Die wichtigsten Verabredun-
gen wurden in das Handbuch „Konfliktmanagement" aufgenommen.

5.   *Führen mit Mediationskompetenz*

Nahezu die Hälfte der Führungskräfte unterschiedlicher Hierarchieebenen haben an Trainings „Führen mit Mediationskompetenz" teilgenommen. In diesen Führungskräftetrainings (2 x 2 Tage) wurden die
Grundlagen der Mediation und mediative Instrumente und Techniken
vermittelt, die in Führungshandeln integriert werden können. Ebenfalls
diskutierten die Führungskräfte, wie sie das erweiterte KMS bei auftretenden Problemen und geplanten Veränderungsprozessen einsetzen
können.

3.3   Ablaufstruktur für ein Systemdesign

Während die Aufbaustruktur die Rahmenbedingungen festlegt, d.h.
welche Aufgaben von welchen Menschen und mit welchen Sachmitteln
zu bewältigen sind, regelt die Ablaufstruktur die Gestaltung der
Arbeits- und Informationsprozesse innerhalb dieses Rahmens. Aufbaustruktur und Ablaufstruktur betrachten somit gleiche Objekte unter verschiedenen Aspekten; sie hängen wechselseitig voneinander ab.
Die Aufbaustruktur betrachtet organisatorische Ressourcen, die
Ablaufstruktur beschäftigt sich mit der Kette einzelner Arbeitsschritte
unter Nutzung dieser Ressourcen.

Marginalien:
Konflikt-
anlaufstellen

Betriebsrat

Handbuch

Führen mit
Mediations-
kompetenz

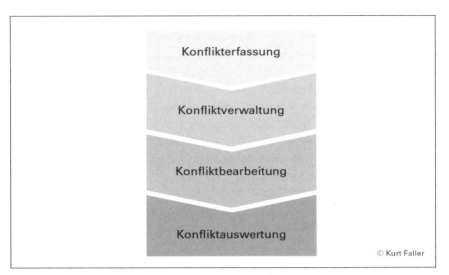

Abb. 3-6: Ablaufstruktur von Konflikterfassung bis Konfliktauswertung.

(1)   Die Konflikterfassung
Bei der Konflikterfassung geht es um Antworten auf die Fragen: Wie können Konflikte möglichst früh erkannt und als solche benannt werden? In welcher Form werden Konflikte in das KMS mit dem Ziel der Bearbeitung eingeführt?

Konfliktfelder   Die „Liste der Konfliktfelder" bietet eine gute Grundlage zur Benennung entsprechender Konflikte oder „Beinahe-Konflikte", die auf jeden Fall erfasst werden sollen.
Im Unternehmen gibt es verschiedene KAS, an die man sich als Erste bei Konflikten wenden kann. Das sind:
–   Führungskräfte – sowohl disziplinarische Vorgesetzte als auch Projektleiter
–   Klassische KAS wie Personalmanagement, Betriebsrat usw.

Ombudsperson   –   Neue KAS wie Ombudsperson, Konfliktlotsen, KonfliktnavigatorInnen, Koordinierungsstelle für das Mediationssystem

Im Systemdesign werden die im Unternehmen vorhandenen Stellen benannt und die Regeln zur strukturierten Konflikterfassung, systemischen Einordnung und weiteren Bearbeitung formuliert.

Dieses Beispiel stammt aus dem Handbuch Internes Konfliktmanagement der Stadt Graz (2012):
„Verfahrenseinstieg für Konfliktlotsen:

Konfliktlotsen   Wie kommen die Konfliktlotsen zu Bearbeitungsfällen?
–   Mitarbeitende kontaktieren die Konfliktlotsen
–   Führungskräfte wenden sich an die Konfliktlotsen

- Vertreter der Personalvertretung/des Betriebsrates kommen auf die Konfliktlotsen zu
- Weitervermittlung durch die Stabsstelle Krisenprävention und -intervention
- Konfliktlotsen beobachten eine Konfliktsituation und bieten ihre Leistungen an"

(2) Konfliktverwaltung:
Nachdem ein Konflikt bei einer der verschiedenen KAS erfasst wurde, fließen die Informationen nun bei der Koordinierungsstelle für das Mediationssystem zusammen. Diese Koordinierungsstelle betreut die Konfliktverwaltung. Bei der internen Konfliktbearbeitung sind dies vor allem folgende Aufgaben:

Koordinierungs-stelle

- Sichtung der Informationen
- Systemische Einordnung des Konflikts
- Strukturierte Erfassung der Anliegen der Konfliktparteien
- Auswahl des Bearbeitungsverfahrens
- Auswahl der MediatorIn/BeraterIn
- Abschluss der internen Mediationsvereinbarung
- Beauftragung der Mediation
- Information der verantwortlichen Führungskräfte und der zuständigen KAS
- Begleitung und Koordination der gesamten Bearbeitung

Mediations-vereinbarung

Bei komplexen Konfliktsituationen, vor allem wenn Führungskräfte involviert sind, kann die Koordinierungsstelle auch externe WirtschaftsmediatorInnen einbeziehen. Mit Externen wird ein Mediationsvertrag abgeschlossen.
Im Systemdesign werden die für das Unternehmen und das gewählte Modell für ein KMS vereinbarten Aufgaben und die entsprechenden Abläufe festgehalten.
(3) Die Konfliktbearbeitung:
Die beauftragten internen oder externen MediatorInnen arbeiten in dem vereinbarten Verfahren mit den Konfliktparteien und unterstützen sie dabei, den Konflikt zu klären und eine Vereinbarung zu erreichen.
Grundlage der Bearbeitung ist der vereinbarte Verfahrens- und Zeitrahmen. Änderungen werden jeweils mit der Koordinierungsstelle besprochen.
Während der Prozess der Bearbeitung vertraulich bleibt, werden die Ergebnisse der Mediation nach Zustimmung der Konfliktparteien in der Regel der Koordinierungsstelle mitgeteilt.
Die Koordinierungsstelle informiert die verantwortlichen Führungskräfte und die zuständigen Konfliktanlaufstellen.

Konflikt-
auswertung

(4) Die Konfliktauswertung:
Die Koordinierungsstelle unterstützt die Parteien, die gefundenen Ergebnisse in den Arbeitsalltag zu integrieren. Dies geht umso leichter, wenn diese Feedbackschleife aus dem Mediationsverfahren zurück in die Organisation schon im Vorfeld vereinbart wurde.
Die Koordinierungsstelle wertet die Ergebnisse der verschiedenen Bearbeitungen aus und berichtet regelmäßig an die Kommission.
Die Kommission prüft die Fragen, welche Informationen und welcher Veränderungsbedarf sich aus den Konflikten und den Ergebnissen der Bearbeitung für das Gesamtunternehmen ergeben.
Daraus entwickelt die Kommission Vorschläge, die den entsprechenden Leitungsebenen vorgelegt werden.

3.4 Systemsteuerung für ein Systemdesign

Um ein KMS in einer Organisation zu implementieren und weiter zu entwickeln, müssen immer wieder Entscheidungen getroffen werden. Diese Aufgabe der Systemsteuerung liegt in der Regel bei der zentralen Konfliktmanagement-Kommission oder bei einer Leitungsposition (Personalmanagement, Rechtsabteilung). Grundlage sind zumeist die

Betriebs-
vereinbarung
Handbuch

Bestimmungen der Betriebsvereinbarung oder Prozessanweisungen im Handbuch. Die Systemsteuerung umfasst folgende Aufgaben:
- Verankerung und Absicherung der neuen KAS
- Beobachtung und Weiterentwicklung des KMS
- Koordination der Prozessabläufe mit den klassischen KAS und der Managementebene

Konfliktlotsen

- Nachqualifizierung von Konfliktlotsen und internen Mediatoren
- Betreuung der Konfliktlotsen und MediatorInnen
- Qualitätssicherung

Betriebsrat

Um die verschiedenen Festlegungen für die Systemsteuerung des erweiterten KMS verbindlich und dauerhaft zu verankern, wird in vielen Unternehmen zwischen Geschäftsführung und Betriebsrat eine Betriebsvereinbarung abgeschlossen. Diese Betriebsvereinbarung beschreibt alle Elemente des beschlossenen Systemdesigns, definiert die Aufgaben der verschiedenen Gruppen und Stellen, regelt die Begleitung der Konfliktlotsen und internen Mediatoren und die Evaluation und Weiterentwicklung des Konfliktmanagementsystems.
Die Präambel einer Betriebsvereinbarung drückt Sinn und Zweck der Einführung eines KMS aus. Sie bestimmt dadurch, in welchem Geist die weiteren Punkte der Betriebsvereinbarung zu interpretieren sind. Das zeigt das folgende prototypische Beispiel einer Betriebsvereinbarung in Abbildung 3-7.

Zwischen Geschäftsleitung und Betriebsrat der Firma XY in ....

wird folgende Betriebsvereinbarung abgeschlossen:

„Einführung von innerbetrieblicher Mediation"
(Konfliktmanagementsystem)

Präambel

Arbeitgeber und Betriebsrat sind sich darüber einig, dass das Betriebsklima positiv weiterentwickelt werden soll. Eine wesentliche Voraussetzung auf dem Weg dazu besteht darin, ungelöste oder eskalierte Konflikte in geordneter Weise intern zum Thema zu machen und zu bearbeiten. Es soll verhindert werden, dass das Betriebsklima negativ beeinflusst und damit die Motivation von Mitarbeitenden beeinträchtigt wird. Zudem soll der Zweck eines vorausschauenden Gesundheitsmanagements erreicht werden, weil die Belastungen betroffener oder beteiligter Mitarbeitender aus innerbetrieblichen Konflikten auf diese Weise reduziert werden sollen. Letztlich soll verhindert werden, dass die Produktivität und die Qualität der Arbeitsplätze gemindert werden. Eine Unternehmenskultur, die sich durch partnerschaftliches und wertschätzendes Verhalten auszeichnet, bildet hingegen die Basis für ein positives Arbeitsklima.

Gesundheits-
management

Arbeitgeber und Betriebsrat setzen sich daher für eine frühzeitige Konfliktbearbeitung im Betrieb ein. Sie sind der Überzeugung, dass eine konstruktive und interessenorientierte Konfliktbearbeitung möglich ist und ein entsprechendes Konfliktbearbeitungssystem wesentlich zum individuellen und wirtschaftlichen Wohlbefinden und zum Erfolg von Mitarbeitern und Betrieb beitragen wird.

Die Betriebspartner sind weiterhin davon überzeugt, dass die Methoden der Konfliktbearbeitung erlernbar sind und daher das Erlernen dieser Fähigkeiten nach Möglichkeit gefördert werden soll. Auch stimmen sie darin überein, dass innerbetriebliche Auseinandersetzungen möglichst eigenverantwortlich und damit intern gelöst werden sollen.

Im Hinblick darauf schließen die Parteien gemäß den §§ 86, 87, Abs. 1 Nr. 1 BetrVG die nachfolgende Betriebsvereinbarung:

§1 Definition

1.1 *Konfliktbearbeitungsverfahren* sind Verfahren, die in dieser Betriebsvereinbarung als Verfahren zur Konfliktlösung festgelegt sind.

1.2 Mediation ist ein außergerichtliches Konfliktbearbeitungsverfahren, in dem die Konfliktparteien mit Unterstützung eines neutralen Dritten selbstverantwortete Verhandlungen zur Lösung eines bestehenden Konflikts führen. Sowohl das Verfahren als auch die Lösungsfindung liegen im freien Willen der Parteien.

Konfliktlotse

Konfliktlotse

1.3 *Mediator oder Konfliktlotse* ist eine Person, die als neutraler Dritter ohne Entscheidungsbefugnis die autonomen Verhandlungen im Rahmen eines Konfliktbearbeitungsverfahrens zur Lösung eines bestehenden Konflikts begleitet und den Verfahrensablauf führt. Konfliktlotsen sind in der Methode der Mediation geschulte Mitarbeitende des Betriebes. Im Ausnahmefall kann auf externe MediatorInnen zurückgegriffen werden.

§ 2 Geltungsbereich

Diese Betriebsvereinbarung gilt für alle Beschäftigten der Firma XY in ....

§ 3 Grundsätze des Konfliktbearbeitungsverfahrens

3.1 Ein Konfliktfall ist dann gegeben, wenn sich ein Arbeitnehmer von anderen ArbeitnehmerInnen und/oder Vorgesetzten und/oder anderen Gruppierungen des Betriebes ungerecht behandelt oder in sonstiger Weise im Zusammenhang mit seinem Arbeitsverhältnis wesentlich beeinträchtigt fühlt. Ein Konfliktfall im Sinne dieser Betriebsvereinbarung liegt auch vor, wenn regelmäßig Streitigkeiten, Auseinandersetzungen oder sonstige Störungen zwischen ArbeitnehmerInnen oder mit Vorgesetzten auftreten.

3.2 Das Konfliktbearbeitungsverfahren findet in jeder Stufe vertraulich und unter Ausschluss der Öffentlichkeit statt. Alle am Verfahren Beteiligten haben über die im Laufe des Verfahrens erworbenen Kenntnisse Stillschweigen zu bewahren.

3.3 Die Beteiligten an einem Konfliktbearbeitungsverfahren i. S. dieser Betriebsvereinbarung dürfen weder wegen der Einleitung eines Verfahrens i. S. dieser Betriebsvereinbarung, noch wegen ihrer Tätigkeit im Rahmen eines solchen Verfahrens benachteiligt oder begünstigt werden.

§ 4 Durchführung eines innerbetrieblichen Konfliktbearbeitungsverfahrens

Konflikteskalation

4.1 Arbeitnehmerinnen haben das Recht die Unterstützung eines internen Konfliktlotsen anzufordern. Der Einsatz externer MediatorInnen kommt nur dann in Betracht, wenn kein geeigneter Konfliktlotse zur Verfügung steht, die Eskalationsstufe die Möglichkeiten interner Bearbeitung übersteigt oder wenn mehrere Hierarchieebenen involviert sind.

4.2 Das Verlangen zur Einleitung eines Konfliktbearbeitungsverfahrens ist entweder an einen im Betrieb eingesetzten Konfliktlotsen, an die Personalleitung, den Betriebsrat oder direkt an die Geschäftsleitung zu richten.

§ 5 Konfliktlotsen

Konfliktlotsen

5.1 Auf Kosten des Betriebes werden ausgewählte ArbeitnehmerInnen zu internen Konfliktlotsen geschult und als solche eingesetzt. Sie haben die

Aufgabe, bei aktuellen Konfliktsituationen als BeraterInnen zur Verfügung zu stehen.

5.2 Diejenigen ArbeitnehmerInnen, die als interne Konfliktlotsen eingesetzt werden, haben Anspruch auf eine angemessene Fortbildung. Nach der Grundausbildung haben sie alle zwei Jahre Anspruch auf den Besuch einer Fortbildungsveranstaltung zu Mediation und Konfliktmanagement.

§ 6 Kostenübernahme

6.1 Die Kosten der in dieser Betriebsvereinbarung genannten Verfahren werden vom Arbeitgeber getragen.

6.2 Externe Berater werden nur nach vorgängiger Genehmigung durch die Geschäftsführung beauftragt.

Kosten

§ 7 Rechte der Beschäftigten

Jede/r Beschäftigte hat das Recht, sich während der Arbeitszeit unter Fortzahlung der Vergütung bei betrieblichen Konfliktlotsen zu informieren, Fragen zu stellen und sich ggf. zu beschweren. Zeiten, die dazu aufgewendet werden, betriebliche Konflikte zu bearbeiten, gelten grundsätzlich als Arbeitszeit.

§ 8 Inkrafttreten, Kündigung

8.1 Diese Betriebsvereinbarung tritt mit ihrer Unterzeichnung in Kraft und kann mit einer Frist von drei Monaten zum Vierteljahresende gekündigt werden.

8.2 Arbeitgeber und Betriebsrat werden ArbeitnehmerInnen und Vorgesetzte in einer Betriebsversammlung oder auf andere geeignete Weise nach Inkrafttreten dieser Betriebsvereinbarung über das internen Konfliktmanagementsystem unterrichten.

....

für die Geschäftsführung   für den Betriebsrat

Abb. 3-7: Prototyp einer Betriebsvereinbarung.

4. Systemdesignschleife

Orientierungslandkarte für Konfliktmanagementsysteme (KMS)

Wie in Kapitel 1.4.1 die KPMG-Studie zeigt, verwenden Führungskräfte 30 bis 50 Prozent ihrer wöchentlichen Arbeitszeit direkt oder indirekt mit Konflikten und deren Folgen. Durch einen systematischen und im Unternehmen vereinbarten Umgang mit Konflikten und mit klar strukturierten Verfahren könnte diese Belastung der Arbeitszeit von Führungskräften erheblich gesenkt werden. Ein Problem besteht ja darin, dass Führungskräfte sich dann mit schwierigen Situationen oder Konflikten befassen, wenn sie nicht mehr zu übersehen und meist schon sehr stark eskaliert sind. Diese Situationen erfordern meist schnelle und intensive Intervention, um die Auswirkungen der Konflikte zu begrenzen. Es entsteht das Bild von Führungskräften, die in hektischen Zeiten von einer Stelle zur anderen eilen, um ein Feuer nach dem anderen auszutreten.

Systemdesigner gehen von der Devise aus: „Nicht der Konflikt ist das Problem, sondern die Art und Weise, wie wir damit umgehen" (Faller 1998: 15). Die Entstehung von Konflikten ist oft nicht beeinflussbar. Die (Neu-)Strukturierung und Systematisierung des Umgangs mit Konflikten liegt aber in der Hand der Organisation. Eine Veränderung und Neugestaltung der Konfliktregelung in einem Unternehmen, einem Krankenhaus oder einem Amt ist in der Hektik des Alltags nicht möglich. Ein Systemdesign ist am besten in einer bewussten Auszeit von den operationalen Prozessen zu entwickeln. Dann ist es möglich, in Ruhe und aus einer gewissen Distanz die Konflikte und die Formen der Konfliktregelung zu betrachten, sie in Bezug zu setzen zu den Zielen und Herausforderungen des Unternehmens und neue Wege zu beschreiten.

4.1 Modell der systemischen Schleife

In der systemischen Organisationsberatung ist dazu das Modell der systemischen Schleife entwickelt worden. Ausgehend vom dem Begriff der „reflexiven Selbstbezogenheit" (Heinz v. Foerster) hat Roswitha Königswieser auf der Basis der bekannten gruppendynamischen Reflexionsschleife (Watzlawick 1990, Cohn 1992) die systemische Schleife als „Basismodell" dargestellt (Königswieser 2008: 45): „Sie stellt ein anschauliches, einfaches Denk- und Prozessmodell dar, welches die systemische Haltung zum Ausdruck bringt."

Reflexionsschleife

Meta-Sicht

Konkret bedeutet das, dass sich die im weiteren Sinn mit der Konfliktregelung befassten Personen und Institutionen für eine gewisse Zeit aus dem operativen Fluss des Alltagsgeschäfts ausklinken, die Sachlage von außen betrachten, neue Ideen entwickeln und diese wieder in den operativen Prozess einfließen lassen. Die Schleifenform symbolisiert das Auftauchen aus dem Tagesgeschäft in eine veränderte Perspektive, in die Meta-Sicht. Dadurch entsteht ein neuer Raum für Reflexion und Entwicklung.

Deutlich wird dieser Gedanke in der Geschichte von dem dritten Schwan, die in Köln erzählt wird. Tünnes und Schäl, die beiden Kölner Originale, sitzen am Rhein und beobachten die Schwäne. Tünnes meint: „Ich wäre auch gerne ein Schwan und könnte fliegen." Nach einiger Zeit meint Schäl: „Ich fände es besser, wenn ich zwei Schwäne wäre. Dann könnte ich hinter mir herfliegen." Darauf Tünnes: „Am besten wäre natürlich, wenn ich drei Schwäne wäre. Dann könnte ich sehen, wie ich hinter mir herfliege."

Gerade in Organisationen, die in sehr stark festgelegten Formen mit Konflikten umgehen, werden allein durch die Bereitschaft, genauer hinzuschauen, wie hoch die Zufriedenheit damit ist, neue Fenster aufgestoßen und neue Sichtweisen möglich.

Aus diesen Überlegungen entstand die Systemdesignschleife. Um den Grundgedanken der systemischen Schleife mit dem Ziel der Entwicklung und Implementierung eines erneuerten, erweiterten Konfliktmanagementsystems zu verbinden, sind drei Schleifen maßgeblich:

1. für die Auftragsgestaltung
2. für die Entwicklung eines unternehmensspezifischen Modells
3. für die Integration in die Regelarbeit

Meilensteine

An vier Meilensteinen (in Abbildung 4-1 durch M1, M2, M3, M4 hervorgehoben) ist jeweils ein Beschluss der Führung notwendig. Entsprechend den Prinzipien einer lernenden Organisation ist im Anschluss an die Einführung eine regelmäßige Evaluation durchzuführen, um die Weiterentwicklung zu ermöglichen.

Die Systemdesignschleife schafft Transparenz und Orientierung im Prozess und ordnet alle notwendigen Elemente in den Ablauf der Entwicklung und Implementierung eines Konfliktmanagementsystems ein. Sie sollte aber nicht als verbindliches „To-do"-Rezept betrachtet werden, denn das reale Leben hält sich selten an Drehbücher.

4.2   Die drei Schleifen der Systemdesignschleife

Roadmap

Die Systemdesignschleife hat sich vor allem als „Roadmap" bewährt – als gemeinsame Landkarte des Prozesses für verantwortliche Füh-

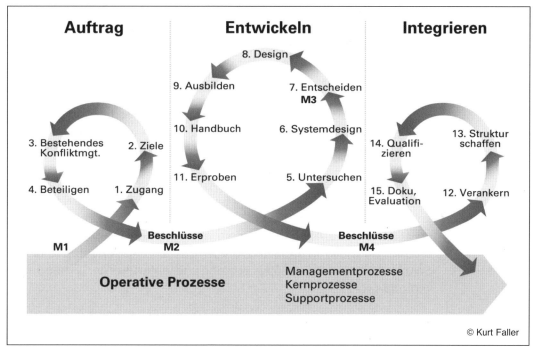

Abb. 4-1: Die Systemdesignschleife.

rungskräfte, interne Verantwortliche und externe BeraterInnen als SystemdesignerInnen. Beide Seiten haben immer eine gemeinsame Vorstellung, an welchem Punkt sich der Prozess befindet, welche Abschnitte schon zurückgelegt sind und welche Wegstrecke noch zu bewältigen ist. Der strukturierte Weg besteht aus drei Schleifen mit insgesamt 15 Schritten.

4.2.1 Die Auftragsschleife
Der ganze Prozess wird mit dem Start-Auftrag des Managements (**M1** = Meilenstein) in Gang gesetzt. Zu Beginn wird mit *Schritt 1* geklärt, aus welchem Zugang sich der Gedanke der Erweiterung des Konfliktmanagements entwickelt hat. In *Schritt 2* geht es darum, wie ein solcher Prozess mit den Zielen und geplanten Entwicklungsschritten der Organisation verbunden werden kann. Dann werden in *Schritt 3* die Strukturen des bestehenden Konfliktmanagements betrachtet, um alle einzubeziehen, die sich bisher schon mit der Regelung von Konflikten befasst haben. In *Schritt 4* werden Mitarbeitende und Führungskräfte zu ihrer Sicht auf Konflikte im Unternehmen und ihre Zufriedenheit mit den bisherigen Formen der Konfliktregelung befragt.

Daraus wird in Kooperation zwischen der internen Verantwortlichen und dem Systemdesigner eine Beschlussvorlage für die Führung

Start-Auftrag

entwickelt, in einen Prozess zur Erarbeitung und Erprobung eines erweiterten Konfliktmanagementsystems einzusteigen. Wenn dieser Beschluss (**M2** = Meilenstein 2) gefasst ist, beginnen die Arbeitsschritte der Entwicklungsschleife.

4.2.2 Die Entwicklungsschleife

Pilottgruppe

Nach einer gründlichen Analyse in *Schritt 5* erarbeitet die Systemdesignerin mit einer Pilotgruppe in *Schritt 6* einen unternehmensspezifischen Entwurf für ein verändertes Konfliktmanagementsystem – ein Systemdesign. Dies wird der Führung vorgelegt, in *Schritt 7* beschlossen (**M3** = Meilenstein 3) und im *Schritt 8* nach den Regeln des Projektmanagements strukturiert. Danach werden interne MediatorInnen und

Konfliktlotsen ausbilden

Konfliktlotsen ausgebildet *(Schritt 9)* und die beschlossenen Strukturen, Formen und Abläufe in einem unternehmensinternen Handbuch *(Schritt 10)* zusammengefasst. Die Strukturen und Abläufe werden in *Schritt 11* eine gewisse Zeit erprobt und aufgrund der Erfahrungen verändert.

4.2.3 Die Integrationsschleife

Wenn die Führung den Beschluss zur Implementierung des erprobten KMS gefasst hat (**M4** = Meilenstein 4), werden in *Schritt 12* alle Maßnahmen zur Verankerung und zur Bekanntmachung im Unternehmen in Gang gesetzt. Die neu gefundenen Strukturen und Abläufe werden in *Schritt 13* mit den bestehenden Strukturen verbunden, und mit

Konflikt-anlaufstellen

Schritt 14 werden VertreterInnen der internen Konfliktanlaufstellen (KAS) und Führungskräfte für den Umgang mit dem neuen System qualifiziert. Eine Dokumentation und Evaluation *(Schritt 15)* sichert die Grundlage für eine beständige Weiterentwicklung des KMS.
Nach den drei Schleifen (Auftrag–Entwicklung–Integration) verfügt die Organisation über ein funktionstüchtiges Konfliktmanagementsystem, das danach immer wieder überprüft und verbessert werden kann.

4.3   Zusammenspiel der internen und externen Beratung

Veränderungen im Konfliktmanagement und die Etablierung eines strukturierten Konfliktmanagementsystems berühren unterschiedliche Interessen an vielen sensiblen Punkten in der Organisation. Diese Veränderungen können nur gelingen, wenn die entscheidenden Personen und Institutionen innerhalb der Organisation sich an diesem Prozess

Interne/externe Beratung

beteiligen. Gleichzeitig aber brauchen die Internen das spezielle Fachwissen und den neutralen Blick der externen Beratung. Ein gutes Systemdesign ist daher nur in einem engen Zusammenspiel von Internen und Externen zu erreichen.

Die SystemdesignerInnen kooperieren nicht nur mit dem Unternehmen, sondern sie haben auch eine vermittelnde Funktion in der Organisation. Denn die Interessen der Entscheider-Ebene – also der Führung – und die Interessen der Fachebenen wie Personalmanagement, Rechtsabteilung, Gesundheitsmanagement, Qualitätsmanagement sind nicht immer identisch. Das gilt oft noch mehr für die Interessen der betrieblichen Konfliktanlaufstellen und dem Betriebsrat.

Entscheider-Ebene

Konflikt-anlaufstellen

Die Systemdesignschleife bildet die Grundlage für einen beständigen Prozess der gegenseitigen Verständigung und Abstimmung. Dabei verschieben sich die Aufgaben und die Intensität der Absprachen von Schritt zu Schritt. In jedem Schritt sollten die Form der Zusammenarbeit und die jeweilige Aufgabenverteilung austariert werden.

In den folgenden Abschnitten finden sich dazu Hinweise. Intensive Zusammenarbeit und professionelle Distanz sind die zwei Seiten des Zusammenspiels von interner und externer Beratung.

4.4 Vorphase

Die Motivation, sich für ein KMS einzusetzen, wird in jeder Organisation anders sein, wie aus dem Vorgehen von drei Führungskräften geschlossen werden kann. Herr Wegner, Frau Maiwald und Herr Berger hatten sehr unterschiedliche Gründe, den Kontakt zu einem Beratungsunternehmen mit Schwerpunkt auf Mediation und Systemdesign zu suchen.

Herr Wegner hatte vor zwei Jahren das Familienunternehmen von seinem Vater übernommen und wollte die Unternehmenskultur verändern. Ein erster Ansatz war für ihn der Umgang mit Konflikten. Er war ständig damit beschäftigt, kleinste Unstimmigkeiten zu klären. Dies wollte er ändern.

Frau Maiwald, Leiterin des Personalamtes einer größeren Stadt, hatte einen Artikel über Konfliktmanagementsysteme gelesen. Sie beobachtete neue Entwicklungen und überlegte, ob das Thema für ihre Verwaltung interessant sein könnte.

Herr Berger, Betriebsratsvorsitzender in einem Produktionsunternehmen, suchte nach Wegen, eine Verbesserung des Arbeitsklimas im Betrieb zu erreichen. Er wollte eine Betriebsvereinbarung zur Zusammenarbeit im Betrieb auf den Weg bringen.

4.4.1 Erster Kontakt

Sehr unterschiedliche Vorstellungen und Wünsche können die UnternehmensvertreterInnen zu dieser externen Kontaktaufnahme bewegen. Aufgabe der Systemdesignerin ist es, gemeinsam mit dem Kunden diese eher allgemein gehaltenen Vorstellungen zu konkretisieren.

Erstkontakt

Eine gute Grundlage für ein solches Gespräch ist das folgende Frage-raster für das Erstgespräch.

1.   *Fragen zur Sache:*
–   Was ist der Anlass für Ihre Anfrage?
–   Wie sieht der bisherige Umgang mit Konflikten in Ihrer Organisa-tion aus?
–   Was haben Sie bisher schon unternommen, um den Umgang mit Konflikten in Ihrem Unternehmen zu verbessern oder zu erweitern?

2.   *Fragen zum Ziel:*
–   Was wäre Ihr Ziel bei der Veränderung des Konfliktmanage-ments?
–   Was – denken Sie – wollen die anderen Beteiligten (je nach eige-ner Position: Vorstand, Geschäftsführung, Personalabteilung, Betriebsrat usw.) erreichen?

3.   *Fragen zum Verfahren:*
–   Kennen Sie die verschiedenen Verfahren der Entwicklung und Implementierung eines Konfliktmanagementsystems? Dazu würde ich Ihnen gerne die Systemdesignschleife zeigen.

4.   *Fragen zu Wünschen und Befürchtungen:*
–   Was sollte noch beachtet werden?
–   Gibt es noch etwas, was auf jeden Fall berücksichtigt oder auf keinen Fall getan werden sollte?

In dem Gespräch über Fragen zur Sache und zu den Zielen entsteht eine erste Verständigung zwischen dem internen Verantwortlichen und der externen Beraterin zur Ausgangssituation und zu den mit der Verände-rung angestrebten Zielen. Dieses gemeinsame Verständnis kann schnell vertieft werden, wenn die Systemdesignerin sich gut auf dieses erste Gespräch vorbereitet hat. Durch das vorbereitende Telefon-gespräch zur Vereinbarung eines Termins hat sie schon wesentliche Informationen. Also kann sie diese ersten Informationen vertiefen, wenn sie im Vorfeld die öffentlich zugänglichen Informationen zur Branche, zum Markt und zum Umfeld des Unternehmens und die Darstellung des Unternehmens im Internet und in den Medien recher-chiert.

Dadurch kann sie gezielter Fragen stellen und ihr Interesse am Unter-nehmen deutlich machen. Bei der Diskussion um das Verfahren bietet die Systemdesignschleife eine gute Grundlage. Der Kunde erhält einen Überblick über Umfang, Dauer und Aufwand der Erweiterung eines

Konfliktmanagementsystems und kann auf dieser Basis entscheiden, ob er der Systemdesignerin einen Start-Auftrag erteilt.

Die Entwicklung und Implementierung eines vollständigen, integrierten Konfliktmanagementsystems umfasst in der Regel eine Zeitdauer von 1,5 bis 3 Jahren. Es ist daher gut nachvollziehbar, dass viele Unternehmen zeitlich und finanziell begrenzte Aufträge vergeben. Die Schritte der möglichen Neu- und Nachkontraktierung sind deshalb in der Systemdesign-Schleife durch Meilensteine M1, M2, M3, M4 gekennzeichnet.

4.4.2 Meilenstein 1: Start-Auftrag für einen Verfahrensvorschlag

Der Start-Auftrag bezieht sich auf die Arbeiten von Schritt 1 bis 4 der Auftragsschleife. Ziel ist eine grundsätzliche Bestandsaufnahme des bestehenden Konfliktmanagements und eine allgemeine Erfassung der Zufriedenheit mit den Ergebnissen der Konfliktregelung und der Auswirkungen auf Arbeitsabläufe und Arbeitsklima.

Im Rahmen dieser Auftragsklärung bestimmt die Leitung eine interne Verantwortliche, die erste Schritte gemeinsam mit dem Systemdesigner angehen und die jeweils die internen Vorbereitungs- und Klärungsfragen regeln soll. In Gesprächen mit der internen Verantwortlichen, der Führung, Vertretern der internen Konfliktanlaufstellen und in Workshops mit Mitarbeitenden und Führungskräften werden die Grundlagen geschaffen, um der Organisation im *zweiten Meilenstein* einen konkreten Verfahrensvorschlag für die Entwicklung eines erweiterten Konfliktmanagementsystems vorlegen zu können.

Die Festlegung einer internen Verantwortlichen für die Entwicklung eines erweiterten KMS ist ein wichtiges Signal für die Organisation. Dazu gibt es unterschiedliche Erfahrungen. Ideal ist natürlich eine Person, die eine etwas unabhängigere Position im Unternehmen hat (wie z. B. Sozialberatung, Personal- und Organisationsentwicklung, Ombudsperson) und eine hohe persönliche Akzeptanz bei Führung und klassischen Konfliktanlaufstellen besitzt. In der oben erwähnten Behinderteneinrichtung war dies die Leiterin der Fortbildungsabteilung, die auch ausgebildete Mediatorin war. In einigen Wirtschaftsunternehmen hat es sich bewährt, dass zu Beginn eine Führungskraft, wie z. B. der Personalchef oder der Leiter der Rechtsabteilung diese Rolle übernahm und nach der Entscheidung für ein Systemdesign (Schritt 7 mit M3) einen Projektleiter beauftragte. Mangelnde Akzeptanz der internen Verantwortlichen in der Organisation gestaltet den Prozess der Entwicklung und Implementierung schwieriger. So wurde bei den Stadtwerken einer mittleren Großstadt die Personalentwicklerin als interne Verantwortliche ernannt. Sie stand seit Jahren in einer heftigen Auseinandersetzung mit der politisch gut vernetzten Frauenbeauftragten des Unternehmens. Dieser Hintergrundkonflikt erschwerte die Implementierung des KMS erheblich. Dabei gab es keinen Dissens in der Sache (auch die Frauenbeauftragte war Mediatorin). Erst nach langen Gesprächen gab es eine Einigung über Struktur und Verantwortlichkeit.

In den nächsten Kapiteln 5, 6 und 7 werden die drei Schleifen mit den einzelnen Arbeitsschritten und einzusetzenden Instrumenten vorgestellt.

5.   Die Auftragsschleife

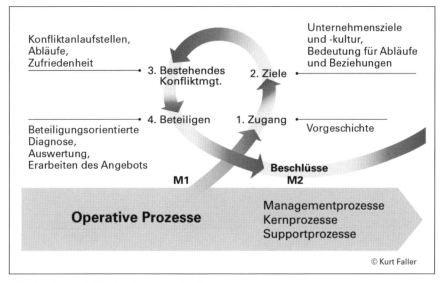

Abb. 5-1: Die Schritte der Auftragsschleife.

Nach unserem Verständnis gibt es kein allgemein gültiges, auf jede Organisation übertragbares Modell eines KMS. Jedes KMS ist ein Unikat, zugeschnitten auf die Erfahrungen, Ziele und Bedarfe des Unternehmens und in einem gemeinsamen Prozess von Internen und Externen erarbeitet. Für diesen Prozess werden in Abbildung 5-1 die Schritte empfohlen, die eine klare und verbindliche Beauftragung gewährleisten können.

Diese Grundgedanken bestimmen den ganzen Prozess. Die Grundlagen für die Umsetzung werden in den Schritten der Auftragsschleife erarbeitet. So wird in Schritt 1 geklärt, wie der Zugang des Unternehmens zu dem Thema KMS aussieht, und woher die Energie für den Prozess stammt.

Wie sehen die Ziele des Unternehmens aus, welche Entwicklungsschritte sind geplant, und welche Rolle kann dabei ein erweitertes KMS spielen? – das sind die zentralen Fragen im Gespräch mit der Führung in Schritt 2. In Schritt 3 geht es darum, die bestehenden Formen der Konfliktregelung zu betrachten und Gespräche mit den VertreterInnen der bestehenden Konfliktanlaufstellen zu führen.

In Workshops mit Mitarbeitenden und Führungskräften in Schritt 4 wird eruiert, welche Konflikte den Arbeitsprozess und das Arbeitsklima besonders belasten, wie hoch die Zufriedenheit mit den bestehenden Formen der Konfliktregelung ist und welche Ideen die Betroffenen bereits zur Weiterentwicklung haben.

5.1   Schritt 1: Zugang

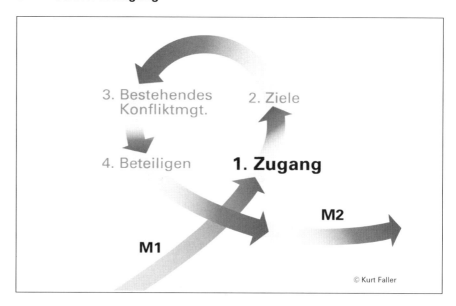

© Kurt Faller

Jede Reise beginnt mit dem ersten Schritt. Die ersten Schritte sind besonders wichtig, wenn es eine gemeinsame Reise werden soll. Manchmal entscheiden diese schon über Richtung und Umfang der Reise. Denn jede Organisation, jedes Unternehmen hat andere Motive, sich mit einer Änderung oder Verbesserung des bestehenden Konfliktmanagements zu befassen.

Die Frage nach dem Zugang in Schritt 1 ist wichtig, um Klarheit zu gewinnen, wo die Motive und die Energie für eine Veränderung des KMS im Unternehmen liegen und wie sie beschaffen sind.

Veränderungs-
motive

5.1.1 Zusammenspiel: interne Verantwortliche und externe System-
designerin

In Schritt 1 geht es auch für den internen Verantwortlichen und die externe Systemdesignerin darum, eine tragfähige Arbeitsbeziehung aufzubauen – oder anders ausgedrückt, die Grundlagen für ein reibungsloses Zusammenspiel zu legen. Beide verfügen über unterschiedliche Instrumente. Wenn es ihnen gelingt, nach einer gemeinsamen Melodie zu spielen, ist eine wesentliche Voraussetzung für das

Gelingen des Veränderungsprozesses erreicht. Dann kann im Verlauf des Prozesses eine „Rhythmusgruppe" entstehen, die auch schwierige Phasen gemeinsam bewältigen kann. Deshalb empfiehlt es sich, die Reflexion über die Frage des Zugangs zu zweit oder in einer kleinen Runde zu bearbeiten. Grundlage ist die folgende Abbildung 5-2, die zeigt, wie verschieden der Anstoß zur Entwicklung eines KMS sein kann: Sind es Konflikte? Geplante Qualifizierungsmaßnahmen? Oder Aussagen im Leitbild bzw. in einer Vision?

Leitbild, Vision

5.1.2 Unterschiedliche Zugänge

Zugänge zum KMS		
A. Konflikte:	*B. Qualifizierungs- maßnahmen:*	*C. Vision:*
Konflikte mit Stakeholder Materielle Konflikte Strukturbedingte Konflikte Personale Konflikte	Führungskräftetrainings Betriebsratsschulung Personalmanagement Konfliktmanagement- Training	Konflikte mit Stakeholder Materielle Konflikte Strukturbedingte Konflikte Personale Konflikte

Abb. 5-2: Mögliche Zugänge zur Entwicklung eines KMS.

All das kann in Unternehmen und Organisationen dazu veranlassen, das Konfliktmanagement zu verändern. Die Beteiligten formulieren ihr Anliegen oft sehr allgemein. Aber auch wenn nur gesagt wird „wir wollen uns mal gründlicher mit dem Konfliktmanagement beschäftigen", stecken fast immer reale Erfahrungen und konkrete Motive dahinter. Erfahrungen oder Motive, die nur die Internen kennen können. Die Aufgabe des Externen besteht darin, die richtigen Fragen zu stellen.
Aus den Erfahrungen der letzten 15 Jahre lassen sich 3 Hauptzugänge feststellen.

Zugang über den Konflikt:
Es gab einen für viele in der Organisation wahrnehmbaren Konflikt, der durch eine Mediation geklärt wurde. Das ist nach wie vor der häufigste Ausgangspunkt für die Entscheidung, das bestehende Konfliktmanagement zu verändern. Denn immer, wenn in einer Organisation ein eskalierter Konflikt durch eine Mediation geregelt wurde, stellten sich für die Verantwortlichen Fragen:
–   Wie konnte dieser Konflikt derart eskalieren?
–   Warum haben wir diesen Konflikt nicht früher erkannt?
–   Wie kann man die offensichtlich positiven Wirkungen der Mediation in die interne Konfliktregelung einbauen?

Geschäfts-
führung,
Betriebsrat

In einem Dienstleistungsunternehmen mit 1200 Beschäftigten war ein Konflikt zwischen Geschäftsführung und Betriebsrat in der örtlichen Presse sehr plakativ dargestellt worden. Dadurch gingen Aufträge verloren. Es wurde noch größerer Schaden befürchtet. Eine Mediation zwischen Geschäftsführung und Betriebsrat brachte Klärung. Gemeinsam wurden die entwickelte Lösung und das Verfahren der Öffentlichkeit dargestellt. Die Personalchefin und die Betriebsratsvorsitzende setzten sich anschließend für die Entwicklung eines KMS ein.

Zugang über das Thema Qualifizierung:

Trainings

Führungs- und Fachkräfte absolvieren außerhalb des Unternehmens Trainings oder Ausbildungen in Mediation und wollen diese Ideen in ihre Organisation tragen. In einer ausführlichen Befragung von Absolventen des weiterbildenden Studiums „Mediation und Konfliktmanagement in Wirtschaft und Arbeitswelt" an der Ruhr-Universität Bochum wird aufgezeigt, dass daraus viele Veränderungen im Konfliktmanagement in Unternehmen entstehen (Arbeitshefte Wissenschaftliche Weiterbildung, Nr. 34)

Noch wirksamer sind Trainings für Führungskräfte oder VertreterInnen interner Konfliktanlaufstellen im Unternehmen. Von diesen Trainings geht in vielen Fällen der Anstoß für eine grundlegende Überprüfung und Erweiterung des bestehenden KMS aus.

Führen mit Medi-
ationskompetenz

Die Geschäftsführung eines großen Krankenhausträgers absolvierte die Ausbildung „Führen mit Mediationskompetenz". Diese Ausbildung hatte Auswirkungen auf ihr Führungsverhalten, so dass sie dem Vorstand den Vorschlag unterbreitete, ein KMS in den Krankenhäusern aufzubauen. Sie war von den positiven Auswirkungen so überzeugt, dass sie die Zustimmung des Vorstands zu einem Pilotprojekt in zwei Kliniken erhielt.

Zugang über die Vision:

Leitbild,
Führungs-
leitlinien

„Wissen Sie, in unserem Leitbild steht der schöne Satz: Probleme werden schnell und konstruktiv geklärt, aber wir haben überhaupt nichts an Strukturen und Regelungen, um das vernünftig umzusetzen", meinte der Personalvorstand eines Pharmaunternehmens.

Ähnliche Sätze stehen oft in Leitbildern und Führungsleitlinien und anderen Beschreibungen zur Unternehmenskultur. Der mediative Ansatz bietet viele Möglichkeiten, diesen Zielvorstellungen einen realistischen und praktikablen Unterbau zu verschaffen.

Nachhaltigkeit

Ebenfalls typisch für diesen Zugang war ein kleineres Pharmaunternehmen, das homöopathische Arzneimittel produziert. Dieses Unternehmen beschäftigte sich intensiv mit dem Thema Nachhaltigkeit. Nachhaltigkeit bei den Rohstoffen, in der Produktion, bei Transportwegen usw. Es war nur ein kleiner Schritt, diesen Ansatz auch auf das Arbeitsklima und die Gestaltung der Arbeitsbeziehungen zu übertragen und ein KMS zu entwickeln.

Diese drei Zugänge beruhen auf unterschiedlichen Erfahrungen und unterschiedlichen Motiven. Im Zugang Konflikt ist es die leidvolle Erfahrung mit dem Konflikt, aber auch die positive Anregung aus der Konfliktlösung. Bei der Qualifizierung ist es der persönliche Gewinn aus der Ausbildung und der Wunsch, dies weiterzutragen. Beim Zugang Vision ist es der Wille, die Organisationskultur weiter zu entwickeln.

*Organisations-
kultur*

5.1.3 Statement zur Ausgangssituation

Die interne Verantwortliche und der externe Systemdesigner halten das Ergebnis ihrer Überlegungen in einem „Ausgangsstatement" fest.

Variante A:

Die Ausgangssituation für die Entwicklung eines erweiterten KMS sieht bei der Firma A folgendermaßen aus:

„Die Konfliktregelung im Fall Z hat deutlich gemacht, dass

–   wir Konflikte früher erkennen sollten;

–   wir Formen brauchen, entstehende Konflikte schneller und niedrigschwellig zu bearbeiten."

Variante B:

„Im Ergebnis des Führungskräftetrainings ‚Führen mit Mediationskompetenz' ist deutlich geworden, dass

–   Formen mediativen Handelns in den Arbeitsalltag integriert werden sollten;

–   eine Veränderung der Umgangs- und Konfliktkultur gut ist für Arbeitsergebnisse und Arbeitsklima."

Variante C:

„Um die im Leitbild und den Führungsleitlinien verankerten Grundsätze zur Zusammenarbeit mit Leben zu erfüllen, streben wir eine Betriebsvereinbarung ‚Auf gute Zusammenarbeit' an, die Regelungen zur Früherkennung und konstruktiven Bewältigung von Konflikten enthält."

*Betriebs-
vereinbarung*

Bei der Formulierung des „Statements" ist es wichtig, nur die Punkte zusammenzufassen, die im Vorfeld im Unternehmen geäußert wurden. Entscheidend ist, dass diejenigen, die sich für Veränderungen eingesetzt haben, eine Wertschätzung erfahren und in ihrem Engagement bestärkt werden.

Durch die Arbeit in *Schritt 1* haben die interne Verantwortliche und der Systemdesigner eine Arbeitsgrundlage aufgebaut und können gemeinsam den nächsten Schritt angehen.

5.2   Schritt 2: Ziele des Unternehmens

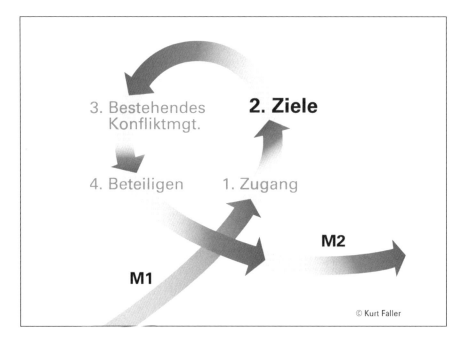

Jedes Managementteam hat eine Vorstellung davon, vor welchen Herausforderungen das Unternehmen steht, welche Ziele erreicht werden sollen und welche Anforderungen aus dem Umfeld an das Unternehmen gestellt werden. Diese Vorstellungen sind in der Regel auch in Entscheidungen, Strategiepapieren und Anweisungen schriftlich niedergelegt. Gleichzeitig hat jedes Managementteam Grundüberzeugungen, wie das Geschäft funktioniert, mit welcher Art Kunden sie es zu tun haben und welche Spielregeln des Umgangs in der Organisation gelten sollen. Besonders bei den Vorstellungen über die Konfliktkultur spielen ebenfalls persönliche Erfahrungen und Prägungen eine Rolle. Die Grundannahmen und die persönlichen Hintergründe steuern das alltägliche Entscheidungsverhalten, werden aber meist nicht ausgesprochen.

Konfliktkultur

In einem Software-Unternehmen, das vor 5 Jahren von 4 gleichberechtigten Gesellschaftern gegründet wurde und in dem inzwischen über 3000 Mitarbeitende weltweit beschäftigt sind, verschlechterte sich das Arbeitsklima von Tag zu Tag. Drei der vier Gesellschafter sahen sich nur als Entwickler und hatten kein Interesse an Führung. Sie waren sich aber einig, dass eine neue Führungsstruktur und Führungskultur entwickelt werden sollte. Diese Aufgaben übernahm der vierte Gesellschafter als CEO. Begleitend zu diesem Prozess wollten sie ein KMS aufbauen.

In *Schritt 2* kommt es darauf an, beides in die weiteren Überlegungen einzubeziehen:
–   die offiziell deklarierten Ziele und Entwicklungsschritte und
–   die dahinterstehenden mentalen Modelle.

Denn ein KMS orientiert sich in Struktur und Abläufen an diesen Zielen und berücksichtigt die bestehenden mentalen Modelle.
Konfliktmanagement hat grundsätzlich eine dienende und unterstützende Funktion, um Unternehmensziele zu erreichen und die Kernkompetenzen zu stärken. Im Mittelpunkt steht eine neue Sensibilität für Abläufe und Beziehungen.

Es geht bei der Umsetzung von Zielen darum,
–   die Konfliktkosten zu senken;
–   die Kooperation zu verbessern;
–   ein gesundheitsförderliches Arbeitsklima zu schaffen.

Kern-
kompetenzen des
Unternehmens

Um die Ziele des Unternehmens in die Grundüberlegungen für die Entwicklung des KMS einzubeziehen, führen der interne Verantwortliche und die Systemdesignerin ein Gespräch mit Mitgliedern des Managementteams, das sie gründlich vorbereiten.
Zentrales Ziel des vorhin erwähnten Software-Unternehmens war, die erreichte Marktposition zu sichern und auszubauen und dafür entsprechende Strukturen zu entwickeln. Das bedeutete für die Entwicklung des KMS, den Fokus stark auf den Ausbau von Führungskompetenzen zu richten.

5.2.1 Gemeinsame Vorbereitung

Ziel dieser gemeinsamen Vorbereitung ist es, einen Fragenkatalog für das Gespräch mit Mitgliedern des Managementteams zu entwickeln. Wenn es nicht möglich ist, mit allen Mitgliedern des Managementteams zu sprechen, sollte auf jeden Fall ein Gespräch mit der Geschäftsführung und der für Personalwesen verantwortlichen Führungskraft erreicht werden.

Der Fragenkatalog kann auf der Basis von zwei Instrumenten qualifiziert erstellt werden:
(1)   der 7 Wesenselemente der Organisation nach Glasl (Glasl/Lievegoed 2011: 13 ff.), die bereits in Kapitel 2.1 (Abb. 2-2) kurz vorgestellt worden sind,
(2)   der Diagnose der Kernkompetenzen nach Nagel/Wimmer – Nagel/Wimmer (2009).

Bestimmte Wesenselemente bilden zusammen Subsysteme, wie dies Abbildung 5-3 zeigt. Darauf sind nun die konkreten Fragen gerichtet.

Subsysteme der
Organisation

Identität	Kulturelles Subsystem
Strategie/Policy/Leitsätze/Programme	
Struktur der Aufbauorganisation	Soziales Subsystem
Menschen/Gruppen/Klima/Führung	
Funktionen/Organe	
Abläufe	Technisch-instrumentelles Subsystem
Physische/materielle Mittel	

Abb. 5-3: Die 3 Subsysteme einer Organisation (aus Ballreich/Glasl 2011: 129).

Kulturelles
Subsystem

Fragen zum kulturellen Subsystem:
–   Wie würden Sie das Selbstverständnis, die Eigenart Ihres Unternehmens beschreiben?
–   Welche Werte und Normen werden bei Ihnen hochgehalten?
–   Wofür sind Sie bekannt?
–   Welches Image haben Sie bei Kunden, Mitbewerbern, in der relevanten Umwelt?
–   Welche grundsätzlichen zukunftsbezogenen Überlegungen/Strategien gibt es?
–   Welche neuen Anforderungen und Veränderungen kommen auf Sie zu?
–   Wie kommen Strategien/Ziele zustande? Wer ist an der Erarbeitung beteiligt?
–   Was ist Ihr persönlicher Traum, Ihre Vision für die Organisation in 5 Jahren?

Auf die Frage nach den Kernkompetenzen wird weiter unten eingegangen, weil sie als Grundlage für den bisherigen und zukünftigen Erfolg des Unternehmens gesehen werden. Dazu liefern die besten Informationen Kundenbefragungen und „Kundenkonferenzen", in denen im Gespräch mit den Kunden deren Bedürfnisse und Sichtweisen aus erster Hand gehört werden.

Soziales
Subsystem

Fragen zum sozialen Subsystem:
–   Was erleben Sie an der Gesamtstruktur Ihrer Organisation derzeit als förderlich bzw. hinderlich?
–   Welche Steuerungsstrukturen gibt es, und wie gut funktionieren diese?
–   Welche Koordinationsorgane gibt es, wie funktionieren diese?
–   Wie sieht die Kommunikations- und Besprechungskultur aus?
–   Wie beurteilen Sie die derzeitige und zukünftige Mitarbeiterstruktur (Anzahl, Alter, Qualifikation, Geschlecht...)?

- Wie erleben Sie die Zusammenarbeit und das Betriebsklima?
- Wo erleben Sie Reibungen, Konflikte zwischen Personen, Abteilungen, Gruppen?
- Wofür erhält man bei Ihnen Anerkennung, Lob, und wofür wird man bestraft?
- Welche Aspekte der Arbeit werden besonders betont?
- Gibt es regelmäßige Mitarbeiterbefragungen? Wie sind die Ergebnisse?

Mitarbeiterbefragungen können ein wichtiges Element der Weiterentwicklung der Organisation sein. Dieser Effekt entsteht aber nur, wenn die Ergebnisse bearbeitet werden.
Eine Großdruckerei hat auf der Basis der regelmäßigen Mitarbeiterbefragungen (www.trigon.at) ein KMS aufgebaut und dazu eine Betriebsvereinbarung entwickelt. Eine paritätisch besetzte Kommission wertet die Ergebnisse abteilungsmäßig aus und beschließt konkrete Maßnahmen zur Bearbeitung der angesprochenen Themen. Dazu stehen interne und externe MediatorInnen und Coaches zur Verfügung.

Fragen zum technisch-instrumentellen Subsystem:

Technisch-instrumentelles Subsystem

- In welchem Zustand und auf welchem Standard sind Räume, Anlagen, EDV-Systeme und Ausstattung?
- Wie werden die Arbeitsbedingungen von Ihren Mitarbeitern beurteilt?
- Welche Abläufe und Prozesse fördern Routine, Vereinfachung? Welche Prozesse fördern Flexibilität und Eigenverantwortung?
- Wie gut ist den MitarbeiterInnen bewusst, was ihr Beitrag in der ganzen Wertschöpfung bedeutet?

In einem Betrieb der chemischen Industrie gibt es eine zentrale Anlage, von deren Produktivität der gesamte Wertschöpfungsprozess des Unternehmens abhängig ist. Allerdings ist diese Anlage schon älter und störanfällig. Das Managementteam reagiert auf Probleme hektisch und scharf. Dies führt in der Mannschaft zu hohem Frust. Die Mitarbeitenden fühlen sich ungerecht behandelt und beklagen, dass in die Anlage nicht genügend investiert würde.

Fragen zu Umwelt, Mitbewerbern, Markt:
- Welche besonderen Chancen, Tendenzen oder Risikofaktoren sehen Sie in den bestehenden und potenziellen Märkten?
- Welche relevanten Stärken und Schwächen hat Ihre Organisation im Vergleich zur Konkurrenz?
- Welche Entwicklungen bei Mitbewerbern sind erkennbar?

Der Zusammenbruch der Drogeriekette Schlecker ist ein Beispiel, welche Auswirkungen der Umgang mit den Mitarbeitenden auf das Image und den Erfolg eines Unternehmens haben. Unterschiedliche Meldungen über einige Jahre verfestigten in der Öffentlichkeit den Eindruck, dass Schlecker seine Mitarbeitenden schlecht behandle. Dies führte zu einer Abwanderung vieler Kunden zu der Drogeriemarkt-Kette dm, deren Produkte zwar meist etwas teurer waren, die aber eine vorbildliche, auf Dialog und Verantwortung setzende Unternehmenskultur hat.

Kern-
kompetenzen

Fragen zu den Kernkompetenzen:
Besonders wichtig ist in diesem Zusammenhang die Frage, welche Kernkompetenzen des Unternehmens bzw. der Organisation als Grundlage für seinen bisherigen und zukünftigen Erfolg gesehen werden.
Die Kernkompetenz einer Organisation besteht nicht aus einer bestimmten Einzelfähigkeit, sondern aus einem ganzen Bündel von Grundfertigkeiten. „Kernkompetenzen sind die ‚Wurzeln' des Erfolgs, während die einzelnen Produkte und Dienstleistungen die ‚Früchte' sind, die aus diesen Wurzeln hervorgehen" (Nagel/Wimmer 2009).

Zwei Beispiele für Kernkompetenzen veranschaulichen dies:
Die Kernkompetenzen von Sony wurden umschrieben als die Fähigkeit zur Miniaturisierung bei der Entwicklung des Walkmans, des tragbaren CD-Players und des Taschen-Fernsehgeräts.
Die Kernkompetenz der Schwarzwälder Kuckucksuhren-Industrie besteht darin, dass die komplexe Holzbearbeitung in Handarbeit den Zugang eröffnete zu neuen Märkten, wie u.a. der Herstellung von Armaturen von Luxusautos (Nagel 2009: 86).

Diagnose
Kern-
kompetenzen

Bei der Diagnose von Kernkompetenzen sind die folgenden Fragen zu beantworten.

Erfolge der Vergangenheit:
–   Was waren die erfolgreichsten Produkte und Projekte der letzten Jahre?
–   Welche Faktoren waren aus Ihrer Sicht für diesen Erfolg im Einzelnen ausschlaggebend?
–   Wie haben Sie schwierige Situationen bewältigt?

Unterschiede zu den Mitbewerbern:

Arbeitsklima

–   Worin sehen Sie den Unterschied in der Unternehmenskultur und dem Arbeitsklima zu Ihren Mitbewerbern?
–   Was würden die Kunden als Unterschied beschreiben?
–   Gibt es etwas, um das die Mitbewerber Sie beneiden?

Ausbaufähigkeit:
-   Welche Kompetenzen werden in Ihrem Geschäft in den nächsten Jahren besonders wichtig sein?
-   Welche Kompetenzen im Umgang mit den Kunden und im Umgang miteinander sind in Zukunft notwendig?

Der Systemdesigner erstellt gemeinsam mit der internen Verantwortlichen einen Fragenkatalog mit konkreten Fragen:
-   zur aktuellen Ausgangssituation des Unternehmens
-   zur Aufbau- und Ablauforganisation
-   zur Unternehmenskultur
-   zu Planungen und Zukunftsüberlegungen (Policy, Strategie, Konzepte)

Auf dieser Basis führen sie die Gespräche mit der internen Verantwortlichen und werten sie aus.

5.2.2 Schwerpunkte und Ansatzpunkte

Zum Schluss geht es einerseits um die Benennung der Schwerpunkte, die besonders konfliktträchtig erscheinen oder bei denen ein KMS zum Vermeiden, frühzeitigen Erkennen und Bearbeiten von Konflikten beitragen könnte. Andererseits ist das Herausarbeiten von Ansatzpunkten wichtig, an denen das bestehende Konfliktmanagement verändert werden sollte.

Schwerpunkte in der aktuellen Situation und der weiteren Entwicklung der Organisation	Ansatzpunkte für ein verändertes Konfliktmanagement
1.	
2.	
3.	
4.	
5.	
6.	
7.	

Abb. 5-4: Ansatzpunkte für ein KMS.

5.3   Schritt 3: Bestehendes Konfliktmanagement

© Kurt Faller

Jede Organisation hat Formen entwickelt, mit schwierigen Situationen umzugehen und Konflikte zu regeln. Das bedeutet, jede Organisation hat ein bestehendes Konfliktmanagement und Personen, die sich für die Regelung von Konflikten verantwortlich fühlen. Da sind zunächst die formellen Konfliktanlaufstellen, die im Unternehmen den offiziellen Auftrag haben, sich um auftretende Konflikte zu kümmern. Diese internen Konfliktanlaufstellen (KAS) verstehen sich meist als Kontaktstellen, die zwar angesprochen werden können, aber von sich aus nicht aktiv werden.

Konflikt-
anlaufstellen

Daneben gibt es in jeder Organisation informelle Konfliktanlaufstellen, meist Personen, die intern als Autorität für Konfliktregelung angesehen werden. In Familienunternehmen sind es oft Familienmitglieder, die keine Managementfunktion im Unternehmen haben. In kleinen und mittelgroßen Unternehmen sind es oft erfahrene, ältere Fachkräfte, in großen Unternehmen sind oft Sprecher von Interessensgruppen in dieser Rolle. Diese informellen KAS können in internen Systemen der Konfliktreglung eine äußerst positive Rolle spielen. Die Voraussetzung dafür ist, dass sie nicht unabhängig von offiziellen KAS agieren oder gar gegen sie.

In der Praxis ist zu beobachten: Je passiver und intransparenter sich das offizielle System der Konfliktregelung darstellt, umso stärker sind die ungeschriebenen Regeln der informellen Konfliktregelung.

In diesen Unternehmen bestehen dann nicht nur die üblichen Konflikte, sondern auch Konflikte über die Einschätzung der Konflikte – also Konflikte über Konflikte und nicht selten Konflikte zwischen verschiedenen Ebenen. Diese Konflikte produzieren besonders hohe Konfliktkosten in der Organisation, da die ursprünglichen Konflikte weitergehen, während die für die Konfliktregelung verantwortlichen Stellen sich gegenseitig blockieren. Dieses Phänomen gibt es nicht nur zwischen offiziellen und informellen Stellen, sondern auch innerhalb der offiziellen KAS, z. B. wenn Personalabteilung und Betriebsrat sich bekämpfen.

Die Identifizierung der KAS und das Gespräch mit den verschiedenen offiziellen und den zu erkennenden inoffiziellen KAS ist eine wichtige Grundlage der weiteren Arbeit. Die Kenntnisse und die Erfahrungen der Personen, die bisher die Konfliktregelung getragen haben, sind eine entscheidende Ressource für den Prozess der Weiterentwicklung. Diese Ressource kann aber nur mobilisiert werden, wenn diese Personen von vornherein in den Prozess integriert und einbezogen werden. Daher ist Schritt 3 eine sensible Stelle im Gesamtprozess.

5.3.1 Wahrnehmen, nicht bewerten

Interne Verantwortliche und die Systemdesignerin sollten deshalb entsprechend sensibel vorgehen. Die Devise lautet: wahrnehmen, die Strukturen und Abläufe feststellen, aber nicht bewerten. Diese nur an der Bestandsaufnahme interessierte, nicht-wertende Haltung fällt der externen Systemdesignerin naturgemäß leichter als dem internen Verantwortlichen. Er hat in den meisten Fällen schon im Vorfeld des Beschlusses, das Konfliktmanagement zu verändern, eine Rolle gespielt und erhält den Auftrag zur Veränderung. Und dieser Auftrag kann (und wird auch in der Praxis) als Kritik am Bestehenden verstanden werden. Das Team sollte daher genau prüfen, in welcher Form die Gespräche mit den VertreterInnen der Konfliktanlaufstellen geführt werden, damit eine gemeinsame Grundlage für den Prozess geschaffen und kein Widerstand aufgebaut wird.

Aus der Erfahrung heraus macht es Sinn, dass in den Gesprächen mit den wesentlichen Akteuren die Systemdesignerin eine leitende Funktion einnimmt. Dabei fragt sie nach den bestehenden Strukturen und Verfahren, bringt ihre Wertschätzung für die geleistete Arbeit zum Ausdruck und fragt nach den Vorstellungen für die Weiterentwicklung. Gleichzeitig wendet sie den Blick nach vorne und erläutert, welche neuen Möglichkeiten sich durch die Einbeziehung der Mediation und mediativer Techniken in das bestehende System der Konfliktregelung ergeben.

Mediative Techniken

Die folgenden Beispiele verdeutlichen das.

Betriebsrat

VertreterInnen der klassischen Konfliktanlaufstellen haben manchmal die Sorge, dass ein erweitertes KMS ihre Rolle einschränken könnte. So vermuteten in einem Produktionsbetrieb, in dem ein angespanntes Verhältnis zwischen Personalmanagement und Betriebsrat bestand, beide Seiten, ein erweitertes KMS würde die andere Seite stärken. Die Konzentration der Diskussion auf niedrigschwellige Ansätze und die Zusicherung der Führung, beide Gruppen paritätisch an dem Prozess zu beteiligten, schuf eine Grundlage für die weitere Arbeit.

In einem großen Verband gab es Auseinandersetzungen zwischen verschiedenen Fraktionen im Betriebsrat. Die Mehrheitsfraktion unterstützte aktiv die Planung eines KMS im Gespräch mit der Personalabteilung. Bei der nächsten Betriebsratswahl gewann die bisherige Minderheitsfraktion. Die neue Mehrheit setzte neue Schwerpunkte und stoppte viele Vorhaben der bisherigen Mehrheit. Dadurch wurde die Weiterentwicklung des KMS erheblich verzögert.

Konflikt-
anlaufstellen

5.3.2 Bestehende Konfliktanlaufstellen (KAS)

Aus allen Gesprächen erstellen der interne Verantwortliche und die externe Systemdesignerin eine Übersicht der vorhandenen Strukturen, Personen und Abläufe des bestehenden KMS.

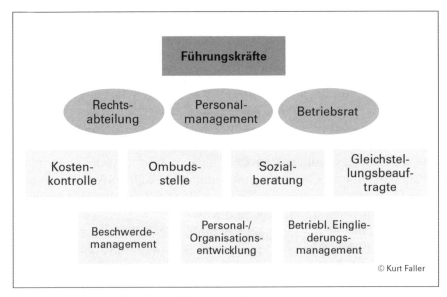

Abb. 5-5: Bestehende offizielle Konfliktanlaufstellen.

Es ist auch hilfreich, zu erfassen, auf welcher hierarchischen Ebene welche Konfliktanlaufstellen bisher angesiedelt waren. Denn Anlaufstellen sollten möglichst niedrigschwellig sein, damit es leicht fällt, sich an sie zu wenden.

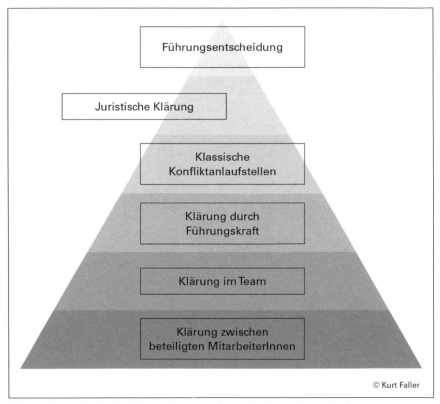

Abb. 5-6: Bestehende Konfliktregelungen auf verschiedenen hierarchischen Ebenen.

Neben den offiziellen Stellen, die bei Konflikten intervenieren, ist auch zu erfassen, zu welchen Fragen sich MitarbeiterInnen lieber informell an bestimmte Personen wenden, weil sie eine hohe soziale Kompetenz haben und deshalb bei Konflikten gerne zu Rate gezogen werden.

5.4   Schritt 4: Beteiligen

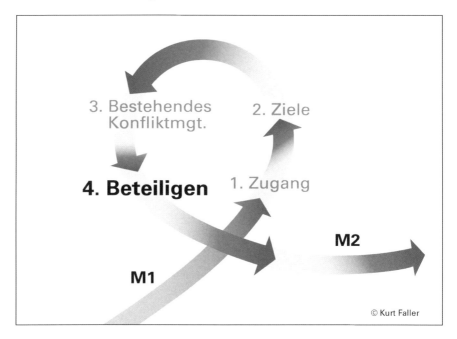

© Kurt Faller

Nach der Klärung des Zugangs, der Betrachtung der Ziele des Unternehmens und der Sichtung des bestehenden Konfliktmanagements ist die Beteiligung und Befragung von Mitarbeitenden und Führungskräften der letzte Arbeitsschritt in der Auftragsschleife. Der Prozess der Veränderung des Umgangs mit Konflikten im Unternehmen nimmt mit diesem Schritt Fahrt auf. Mit der Beteiligung der Mitarbeitenden beginnt eine bereitere Diskussion über bestehende Konflikte, ihre Auswirkungen und die Formen der bisherigen Konfliktregelung. Damit wird Raum geschaffen, in dem Konflikte benannt und schwierige Themen besprochen werden können. Oft kristallisieren sich in diesen Gruppen schon die Personen heraus, die bereit sind und Interesse haben, sich persönlich zu engagieren.

Beteiligungs-
orientierte
Diagnose
Die Selbstdiagnose-Workshops zur „Beteiligungsorientierten Diagnose" liefern Basisinformationen zu einer Art Systemdiagnose zu Konflikt und Konfliktregelung im Unternehmen. Sie bieten die Grundlage für die vertiefende Analyse in *Schritt 5* (Kap. 6.1).

5.4.1   Beteiligungsorientierte Diagnose
Im *Schritt 4* geht es um die Systemdiagnose zum Thema Konflikt und die Beteiligung von Mitarbeitenden im Prozess der Veränderung des Konfliktmanagements. Für die praktische Umsetzung gibt es unterschiedliche Erfahrungen und verschiedene Modelle. In Unternehmen,

die regelmäßig Mitarbeiterbefragungen durchführen, können diese Daten als Grundlage zur Entwicklung von Fragebögen für qualitative Interviews mit ausgewählten Personen genutzt werden. In kleineren und mittleren Unternehmen können alle Mitarbeitenden in Selbstdiagnose-Workshops nach einem einheitlichen Design, eventuell auch mit Formen von Großgruppen-Interventionen einbezogen werden. Es entsteht mehr Dynamik, wenn im Titel dieser Workshops der Blick in die Zukunft gerichtet wird und die Verbesserung der Zusammenarbeit im Vordergrund steht. Die Motivation zur Mitarbeit ist besonders hoch, wenn das Managementteam und der Betriebsrat bekanntgeben, dass eine Betriebsvereinbarung zum Konfliktmanagement erarbeitet werden soll.

Selbstdiagnose

Großgruppen-Interventionen

Betriebsvereinbarung

Gute Erfahrungen gibt es in mittleren und größeren Unternehmen mit eintägigen Workshops mit ausgewählten und für bestimmte Arbeitsbereiche und Abteilungen repräsentativen Personen. In diesen Workshops mit MitarbeiterInnen, die an einem guten Arbeitsklima und einer konstruktiven Zusammenarbeit interessiert sind, entstehen oft schon erste Ideen für eine Verbesserung des bestehenden Konfliktmanagements. Die Arbeitsgruppen in den Workshops nehmen auch eine Einschätzung der Arbeit der bisherigen Konfliktanlaufstellen vor, die eine Grundlage für die vertiefende Analyse in *Schritt 5* ist.

In diesen Workshops treten die internen Verantwortlichen und der Systemdesigner als Team mit verteilen Rollen auf. Der externe Systemdesigner moderiert die Workshops und ist auch für den Prozess verantwortlich, die interne Verantwortliche beantwortet die inhaltlichen Fragen.

Das folgende Beispiel einer Beteiligungsorientierten Diagnose macht das anschaulich. In einem mittleren Unternehmen mit rund 500 Beschäftigten erklärten Management und Betriebsrat die Absicht, eine Betriebsvereinbarung zur Zusammenarbeit im Unternehmen und zur Verbesserung des Konfliktmanagements abzuschließen. Sie luden die Mitarbeitenden ein, sich an diesem Prozess zu beteiligen und an den Workshops zur Beteiligungsorientierten Diagnose mitzumachen. Sie betonten, dass die Teilnahme freiwillig sei; es meldeten sich 180 Mitarbeitende.

Betriebsvereinbarung

Es wurden 7 eintägige Workshops und ein Workshop mit Führungskräften aus unterschiedlichen Ebenen durchgeführt.

Den Workshops lag ein einheitliches Konzept mit 6 Themenbereichen zugrunde:

1. *Eröffnung* durch eine Führungskraft und/oder Betriebsrat
2. *Erläuterung* der Ziele des Ablaufes zur Erarbeitung des KMS anhand der Systemdesignschleife durch die interne Verantwortliche

3. *Eingangsrunde* mit Fragen zur Funktion und Dauer der Zugehörigkeit zum Unternehmen.
    Überraschung löste die Frage aus: „Erzählen Sie uns etwas, was Ihnen in der Arbeit oder privat in den letzten zwei Wochen gut gelungen ist."

Blumenrunde

4. *Erste Fragerunde – Was läuft gut? – die „Blumenrunde":* Die Teilnehmenden wurden aufgefordert, sich zu zweit zusammenzusetzen und Beispiele zu finden, was im Unternehmen gut läuft. Nach 10 Minuten sollten sie sich in Gruppen zu 6 Personen zusammenfinden, ihre Beispiele darstellen und die Ergebnisse auf Karten notieren, die dann im Plenum vorgestellt werden. Die Themen wurden geclustert, mit Oberbegriffen versehen und in Blumenform auf einer Pinnwand dargestellt.

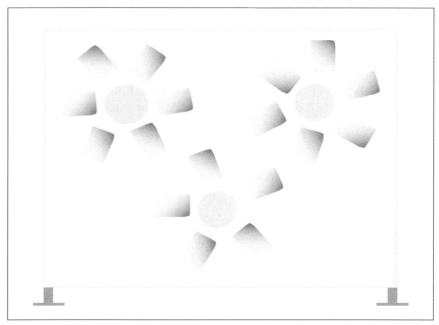

Abb. 5-7: Themencluster in Blumenform auf der Blumenwand.

Problemrunde

5. *Zweite Fragerunde – Was läuft nicht so gut? – Die „Problemrunde":* Die Teilnehmenden sollten sich in Gruppen mit ähnlichen Arbeitsaufgaben zusammensetzen und Probleme und Konflikte im Arbeitsablauf und in der Zusammenarbeit benennen. Eine Person hatte die Aufgabe, die Ergebnisse zu notieren. Im Plenum führte der Systemdesigner mit jeder Gruppe ein kurzes Interview zu diesen Ergebnissen, während die anderen Gruppen zuhörten. Danach wurden neue Gruppen gebildet mit der Aufgabe, auf 10 Karten die für die Gruppen wichtigsten Probleme und Kon-

flikte zu schreiben. Die Ergebnisse wurden präsentiert, geclustert und in „Containern" auf einer Pinnwand angeordnet (Abb. 5-8).

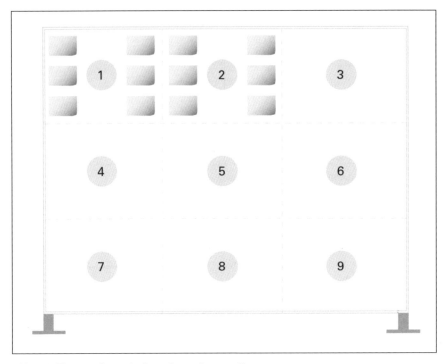

Abb. 5-8: Themencluster in Containern dargestellt.

6. *Dritte Fragenrunde: Was tun? – die Ideenrunde:* Der System-designer erläuterte das Macht–Regeln–Interessen-Dreieck von W. Ury (Kap. 1.4). Darin sagt Ury, dass Konflikte in Organisatio-nen in drei Formen geregelt werden: durch Machtentscheidun-gen, durch Verweis auf Recht und Regeln und durch Aushand-lung der Interessen der Beteiligten. In Organisationen, die wenig auf ein systematisches Konfliktmanagement achten, entsteht das linke Dreieck. Es gibt keine Möglichkeiten, die Konflikte früh-zeitig durch die Beteiligten zu klären, so dass sie schließlich bei der Führung landen, die entscheidet. Um das Konfliktmanage-ment zu verbessern, ist es notwendig, dieses Dreieck auf die Füße zu stellen und Bedingungen dafür zu schaffen, dass Konflikte möglichst früh erkannt und durch die Beteiligten ge-regelt werden können, so dass Machtentscheide zur Ausnahme werden.

Ideenrunde

Machtentscheide

Die Teilnehmenden bearbeiteten in Gruppen die Frage, wie sie das Konfliktmanagement erleben und wie zufrieden sie mit den Ergebnissen der Konfliktregelung sind.

Die Ideenwand	
Bestehendes Konfliktmanagement	Ideen zur Veränderung

Abb. 5-9: Die Ideenwand.

Die Fragen zur Beurteilung der bestehenden Konfliktregelung waren:
- *Zufriedenheit mit dem Ergebnis:*
  Wie zufrieden sind die Verantwortlichen und MitarbeiterInnen mit den bisherigen Formen und Ergebnissen der Konfliktregelung?
- *Auswirkungen auf die Beziehungen:*
  Wie haben sich die bisherigen Formen der Konfliktbeilegung auf die weitere Entwicklung der Arbeits- und Kundenbeziehungen ausgewirkt?
- Neuaufflammen der Konflikte:
  An welchen Punkten entstehen immer wieder neue Konflikte bzw. brechen wieder alte auf?

In einem Workshop wurden in den Gruppen die Bemerkungen zum bestehenden Konfliktmanagement auf roten und die Vorschläge und Ideen zur Veränderung auf grünen Moderationskarten notiert. Alle Ergebnisse wurden im Plenum präsentiert und in zwei Feldern auf der Pinnwand geclustert. Die Karten aus allen drei Fragerunden wurden aufgeklebt. Die Ergebnisse des Workshops wurden von dem internen Verantwortlichen und der externen Systemdesignerin ausgewertet und zunächst dem Managementteam und dem Betriebsrat präsentiert. In beiden Gruppen wurden Stellungnahmen erarbeitet.

Bei einer weiteren Betriebsversammlung stellte der interne Verantwortliche die Ergebnisse vor. An drei Wänden des Versammlungsraumes hingen nebeneinander jeweils acht Blätter der Blumenrunde, der Containerrunde und der Handlungsrunde. Die TeilnehmerInnen wurden aufgefordert, sich in Kleingruppen die unterschiedlichen Plakate anzusehen und die Themen, die ihnen besonders wichtig sind, mit Klebepunkten zu versehen.

Containerrunde, Handlungsrunde

Danach nahmen das Managementteam und der Betriebsrat Stellung zu den Ergebnissen. Das Managementteam verkündete einige Entscheidungen zu Themen, die benannt worden waren und bei denen Verbesserungen umgesetzt werden sollten.

5.4.2 Beschlussvorlage – konkrete Entwicklung des erweiterten KMS

Die in den bisherigen Schritten erarbeiteten Ergebnisse – das Ausgangsstatement, die Schwerpunkte, die Übersicht über das bestehende Konfliktmanagement und die Auswertung der Beteiligungsorientierten Diagnose – haben erste Erkenntnisse zum Stand der bestehenden Konfliktregelung und erste Orientierungspunkte für die Entwicklung eines erweiterten, an mediativen Aspekten orientierten KMS deutlich gemacht. Daraus erstellen die interne Verantwortliche und der externe Systemdesigner eine Beschluss-Vorlage, damit das Managementteam eine Entscheidung über das weitere Vorgehen treffen kann.

Diese Beschluss-Vorlage gliedert sich folgendermaßen:
1.   Ziel:
In verdichteter Form wird das Ziel für ein KMS formuliert. Eine Formulierung könnte so aussehen:
Um das Arbeitsklima und die Zusammenarbeit bei der Firma XY nachhaltig zu verbessern, werden im Umgang mit Konflikten neue Wege beschritten. Es geht darum, dass
– Konflikte früher erkannt werden
– Strukturen und Abläufe entwickelt werden, um Konflikte möglichst früh und in Eigenverantwortung der Betroffenen zu regeln
– Formen gefunden werden, als Organisation aus den Konflikten und ihrer Regelung zu lernen.

2.   Bisherige Überlegungen:
Hier werden die Ergebnisse aus den Schritten 1–4 dargestellt.
– Ausgangsstatement
– Schwerpunkte und Ansatzpunkte
– Überblick über die bestehende Konfliktregelung
– Ergebnisse der Beteiligungsorientierten Diagnose
– Erste Ideen

3.   Vorschlag für das Verfahren:
Es folgt ein Zeit- und Ressourcenplan zu den Arbeiten der Entwicklungsschleife.
Besonders wichtig ist ein Vorschlag zur Zusammensetzung der Pilotgruppe, die den Auftrag hat, eine vertiefende Analyse der bestehenden Konfliktregelung durchzuführen und einen Entwurf für ein erweitertes

Pilotgruppe

Konfliktmanagementsystem – ein Systemdesign – zu erarbeiten. Dieser Entwurf wird dann am (Datum) im Managementteam beraten.

Für die Zusammensetzung einer Pilotgruppe empfiehlt es sich, auf die bisher aktiven Funktionen/Personen zurückzugreifen.

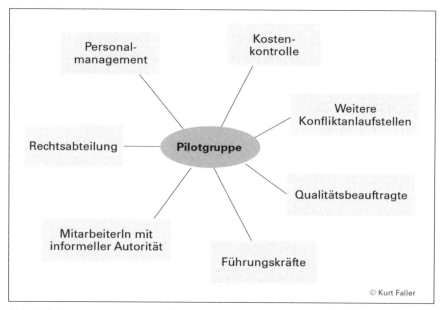

Abb. 5-10: Zusammensetzung der Pilotgruppe.

In Grimms Märchen gibt es die Geschichte der 13. Fee, die nicht zur Taufe der Königstochter eingeladen wurde und aus Rache die weitere Entwicklung des Königreiches auf lange Zeit behinderte. Dieses Phänomen der 13. Fee gilt es auch bei der Zusammensetzung der Pilotgruppe zu beachten. Entscheidend ist, dass sich die Personen für die bestehende Konfliktregelung verantwortlich fühlen und auch in Zukunft eine Rolle spielen. Nicht so bedeutsam ist, ob sie schon von dem mediativen Ansatz überzeugt sind. Es ist sogar hilfreich, Skeptiker aus den relevanten Konfliktanlaufstellen in die Analyse und Entwicklung eines KMS einzubeziehen. Dadurch wird das Systemdesign schon in der Entwicklung genauer geprüft und damit die Umsetzung und Implementierung erleichtert.

Konflikt-anlaufstellen

5.4.3 Meilenstein 2: Beschluss – Entwicklung und Erprobung eines erweiterten KMS

Meilenstein

Die Beschlussfassung zur Entwicklung und Erprobung markiert den zweiten Meilenstein in der Veränderung des KMS: Die Arbeiten der Auftragsschleife haben eine gute Grundlage für die Entwicklung eines Systemdesigns geschaffen.

6. Die Entwicklungsschleife

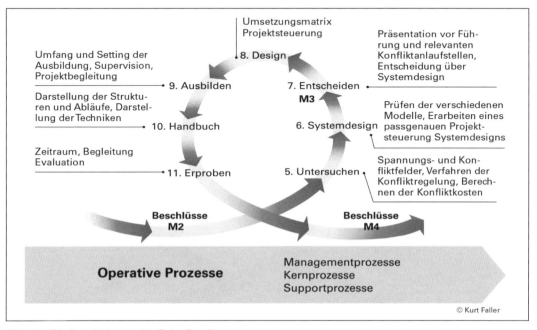

Abb. 6-1: Die Entwicklungsschleife im Detail.

Nach der Entscheidung über die Weiterentwicklung des bestehenden Konfliktmanagements in der Organisation konzentriert sich die Arbeit in der Entwicklungsschleife auf folgende Schwerpunkte:

(1) Gemeinsam mit einer ausgewählten Pilotgruppe wird das schon erarbeitete Material in eine vertiefende Analyse einbezogen und ein Systemdesign erarbeitet (Schritte 5 und 6). *Pilotgruppe*

(2) Im *Meilenstein 3* fasst das Managementteam einen Beschluss über das Modell und die Umsetzungsstrategie (Schritte 7 und 8). *Meilenstein*

(3) Mit der Ausbildung der internen MediatorInnen und der Festlegung der Strukturen und Abläufe werden die Elemente des KMS geschaffen (Schritte 9 und 10).

(4) In einer Erprobungsphase werden die neuen Elemente in die Praxis umgesetzt und evaluiert (Schritt 11).

(5) Damit sind die Grundlagen geschaffen für den *Meilenstein 4:* Beschluss über die Implementierung der neuen Elemente des KMS in der Organisation.

In der Entwicklungsschleife verändert sich auch die Zusammenarbeit zwischen dem internen Verantwortlichen und der externen System-designerin. Während die Externe in Schritt 5 und 6 die Hauptarbeit leistet, geht die Verantwortung ab Schritt 7 immer stärker auf den internen Verantwortlichen über.

6.1 Schritt 5: Untersuchen

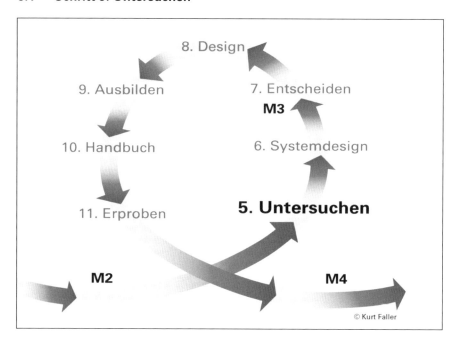

Die Entwicklung eines Systemdesigns beginnt damit, dass die bestehende Situation der Konfliktregelung gründlich betrachtet wird. Ein gemeinsames realistisches Bild der vorhandenen Ressourcen und Verbesserungsansätze bildet die Grundlage für ein erweitertes KMS.

Dazu werden im Schritt 5 die bisherigen Informationen ausgewertet, vertiefende Analysen zur Organisations- und Konfliktkultur erstellt und erste Ansätze zur Weiterentwicklung erarbeitet. Entscheidend ist dabei die Pilotgruppe, die sich aus Führungskräften, Vertretern der internen KAS, engagierten Einzelpersonen aus verschiedenen Arbeitsbereichen und den Verantwortlichen für Querschnittsaufgaben (wie Qualitäts- und Gesundheitsmanagement) zusammensetzt. Diese Kombination garantiert, dass alle wesentlichen Informationen zur Situation und Veränderungsmöglichkeiten in die Arbeit einfließen können. Die Pilotgruppe hat ein klares Mandat und kann in einem konzentrierten Rahmen arbeiten.

Organisations-
kultur,
Konfliktkultur

Qualitäts-
management,
Gesundheits-
management

6.1.1 Arbeit mit der Pilotgruppe

Um die in der Pilotgruppe versammelte Kompetenz positiv nutzen und ein gutes Ergebnis erreichen zu können, ist eine sorgfältige Planung und Vorbereitung der gemeinsamen Arbeit notwendig. Der interne Verantwortliche und die Systemdesignerin planen die vertiefende Analyse im Schritt 5 und agieren in ihren Rollen. Der interne Verantwortliche hat als Kontaktperson für den Prozess Ansehen und Autorität gewonnen und ist Ansprechpartner für inhaltliche Fragen. Die Systemdesignerin ist in Schritt 5 als Expertin gefragt, Analyse-Instrumente anzubieten, die Arbeit zu strukturieren, auftretende Differenzen zu klären und die Ergebnisse zu sichern.

Besonders wichtig ist es, eine kooperative Arbeitsatmosphäre zu schaffen. Denn in einer gut zusammengesetzten Pilotgruppe sind die Personen versammelt, die sich im Alltag von ihren Fach- oder Statusinteressen her oft in einer gewissen Konkurrenz befinden. In vielen Unternehmen ist es auch keineswegs selbstverständlich, dass Personalwesen und Betriebsrat gemeinsam über Konflikte und Konfliktregelung diskutieren. Denn neben dem direkten Auftrag in Schritt 5, die vertiefende Analyse der Konfliktkultur im Unternehmen auszuarbeiten, geht es auch darum, die Mitglieder der Pilotgruppe als aktive Verbündete für eine Veränderung des Konfliktmanagements zu gewinnen.

Personalwesen. Betriebsrat

All diese Überlegungen spielen eine Rolle in der Vorbereitung der Workshop-I-Analyse.

6.1.2 Workshop-I-Analyse

Für die *Workshop-I-Analyse* findet ein 2-tägiges Seminar – möglichst außerhalb der Organisation – statt. Ziel ist eine Untersuchung der bestehenden Konfliktfelder, des bestehenden Konfliktmanagements und das Sammeln erster Ideen zur Weiterentwicklung.

Der Analyse-Prozess umfasst 5 Felder, wie in Abbildung 6-3 dargestellt:

1. eine vertiefte Betrachtung der Organisations- und Unternehmenskultur und ihrer Auswirkung auf den Umgang mit Konflikten im Unternehmen;

Organisationskultur

2. eine Analyse der innerbetrieblichen Spannungsfelder in den Strukturen, Abläufen und Projekten;

3. die Identifizierung der wiederholt auftretenden Konfliktfelder;

4. eine Berechnung der Konfliktkosten bei typischen dysfunktionalen Konflikten;

5. eine Analyse der innerbetrieblichen Formen der Konfliktregelung.

Als Programm für die *Workshop-I-Analyse* hat sich Folgendes bewährt:

Hexagon

1. *Einstieg*
   Darstellung der bisherigen Überlegungen und des Beschlusses zur Entwicklung eines KMS
2. *Einführung in Mediation*
   Haltung und Phasenmodell der Mediation
3. *Untersuchungsfelder*
   Organisationskultur: Analyse der Organisationskultur, Auswirkungen auf die Konfliktkultur und Fehlerkultur
   Spannungsfelder: Analyse der innerbetrieblichen Spannungsfelder, Erstellung einer Problemlandkarte
   Konfliktfelder: Identifizieren der Konfliktfelder, Analysieren der Konfliktfelder, Erstellen der Liste
   Konfliktkosten: Detaillierte Darstellung eines typischen Konflikts, Berechnung der Konfliktkosten
   Konfliktregelung: Arbeiten mit dem Hexagon, A-B-Übung
4. *Zusammenfassung der Ergebnisse*

Abb. 6-2: Beispiel eines Ablaufprogramms für die Workshop-I-Analyse.

Die Arbeit mit einer Pilotgruppe ist erfahrungsgemäß die effektivste Form für die Erarbeitung eines Systemdesigns. Wenn dies nicht möglich ist, können die internen Verantwortlichen und die Systemdesignerin die Arbeitsschritte mit einer kleineren Gruppe bearbeiten. In diesem Fall sollten die relevanten AnsprechpartnerInnen regelmäßig durch Informationen, Nachfragen, Gespräche und kurze Abstimmungstreffen in den Prozess einbezogen werden.

Auch der hier beschriebene Weg einer breiten Beteiligung ist nicht immer möglich. Vorstände, die gewöhnt sind, mit Experten-BeraterInnen zu arbeiten, verlangen manchmal einen fertigen Entwurf vom Systemdesigner. Der Systemdesigner kann dann darum bitten, zusammen mit der internen Verantwortlichen Gespräche mit den relevanten Personen zu führen. In diesen Gesprächen stellt er nicht nur Fragen zur Analyse, sondern präsentiert auch mehrere Varianten zur Weiterentwicklung. Damit hat er eine Grundlage dafür, einen Vorschlag auszuarbeiten. Die im Vorfeld fehlende Beteiligung sollte dann wenigstens im Prozess der Umsetzung nachgeholt werden.

Geschäftsleitung, Betriebsrat

Die folgenden Fragen bewegten die Beschäftigten eines Produktionsbetriebs: Wird der Betrieb verkauft? Und an wen? Werden Arbeitsplätze verlagert? Die entstehende Unruhe führte zu Problemen in der Produktion. Die Geschäftsleitung versuchte, die Belegschaft zu beruhigen. Der Personalchef vereinbarte mit dem Betriebsrat, in Anbetracht der möglichen Veränderungen ein erweitertes KMS zu entwickeln. Die

Geschäftsleitung stimmte dem Vorschlag zu. Um dieses Vorhaben abzusichern, wollten der Personalchef und Betriebsrat als erstes eine Betriebsvereinbarung für ein Mediationssystem verabschieden. Die Systemdesignerin erarbeitete mit dem Personalchef und dem Betriebsratsvorsitzenden die Grundlagen. Relativ schnell nach der Bestätigung der Betriebsvereinbarung begann die Ausbildung der Konfliktlotsen. In dieser Gruppe befanden sich fast alle relevanten Personen für eine Pilotgruppe. Die Ausbildung wurde erweitert und die wesentlichen Punkte von Schritt 5 und 6 in dieser Gruppe bearbeitet. Die Firma wurde tatsächlich verkauft. Die Arbeitsplätze blieben erhalten. In der Umstrukturierung bewährte sich das erweiterte KMS. In den neu strukturierten Bereichen wurden Workshops zur Beteiligungsorientierten Diagnose durchgeführt.

Konfliktlotsen

6.1.3 Einstieg und Einführung in das Thema

Für einen guten Einstieg in die gemeinsame Arbeit hat das Moderatorenteam schon gute Voraussetzungen mit den Ergebnissen der Beteiligungsorientierten Diagnose. Es entsteht eine positive Arbeitsatmosphäre, wenn beim Eintreffen der Teilnehmenden die Plakate mit den Ergebnissen im Raum aufgehängt sind. Die ModeratorInnen können diese Präsentationen nutzen, um einen gemeinsamen Ausgangspunkt für die Arbeit der Pilotgruppe zu schaffen. Nach der Eingangsrunde und der Klärung der Rahmenbedingungen fordern sie die Teilnehmenden auf, im Raum umherzugehen, die Plakate zu betrachten und auf sich wirken zu lassen. Danach soll jede Person ihre 3 wichtigsten Erkenntnisse auf Karten notieren und später im Plenum präsentieren.

Rahmen-bedingungen

In einer kurzen Trainingssequenz führt die Systemdesignerin in das Thema Konflikt ein und erläutert Haltung und das Phasenmodell der Mediation.

Die Analyse der Organisationskultur ist ein wichtiger Teil dieses Workshops.

Organisations-kultur

Grundlage für diese Analyse ist das Modell von Edgar H. Schein (2003). Die Arbeit wendet sich demnach 4 Themenfeldern zu:

1. *Sichtbare Artefakte:*

„Beginnen Sie mit der Identifizierung möglichst vieler Artefakte, die für Ihr Unternehmen charakteristisch sind. Fragen Sie die neuen Mitarbeiter, wie es ist, in dieser Organisation zu arbeiten. Welche Artefakte sind Ihnen aufgefallen? Halten Sie alle angesprochenen Punkte schriftlich fest" (Schein 2003: 75).

Aufschlussreiche sichtbare Artefakte sind vor allem:

– Räumliche Bedingungen, Kleidervorschriften, Arbeitsstunden
– Wie formal sind die Autoritätsbeziehungen?
– Konferenzen (wie oft, wie geleitet, Timing?)

-   Wie werden Entscheidungen getroffen?
-   Kommunikation: Wie erfährt man was?
-   Gesellschaftliche Ereignisse

Identitäts-
symbole
-   Jargon, Uniformen, Identitätssymbole, Riten und Rituale
-   Meinungsverschiedenheiten und Konflikte – wie wird damit um-
    gegangen?
-   Verhältnis von Arbeit und Familie

„Eines der Artefakte ist dann vielleicht die Tatsache, dass Mitarbeiter
Probleme nur dann ansprechen sollten, wenn sie bereits eine Lösung
im Kopf haben. Diese Widersprüche zeigen, dass es sich in Ihrem Unternehmen auf der Ebene unausgesprochener gemeinsamer Annahmen
um eine geschlossene Kultur handelt, in der nur positive Mitteilungen
geschätzt werden und man besser den Mund hält, wenn man keine
Lösungen zur Hand hat" (Schein 2003: 75).

2.   Identifizierung der Werte des Unternehmens
Danach werden die offiziell deklarierten Werte, die in Leitbildern, Visio-
nen und Führungsleitlinien niedergelegt sind, gesammelt und notiert.

3.   Vergleich der Werte mit den sichtbaren Artefakten
Anschließend werden die Werte mit den Artefakten in entsprechenden
Bereichen verglichen. „Prinzipiell führt der Weg zu den tieferen Schich-
ten der Kultur über die Identifizierung von Widersprüchen und Konflikten zwischen offenem Verhalten, Maßnahmen, Regeln und Praktiken (den Artefakten) und den öffentlich bekundeten Werten" (Schein
2003: 76).

4.   Tiefe gemeinsame Ansichten
„Jetzt ist es an der Zeit, das Muster der identifizierten gemeinsamen
Grundannahmen danach zu beurteilen, ob es für das Erreichen der
Ziele (...) eine Hilfe oder ein Hindernis ist" (Schein 2003: 77).

Den Abschluss bildet die Frage, welche Auswirkungen die Unternehmenskultur insbesondere auf den Umgang mit schwierigen Situationen und Konflikten hat.

Im Programm der Workshop-I-Analyse werden auch die Auswirkungen
der Organisationskultur auf den Umgang mit Konflikten untersucht.
Denn die Kultur einer Organisation kann sich auf den Umgang mit

Kalte Konflikte,
heiße Konflikte
Konflikten so auswirken, dass sie entweder kalte Konflikte oder heiße
Konflikte fördert (Glasl 2013: 74 ff.; Glasl 2012).

Organisationskulturen, die kalte Konflikte fördern
Eine kalte Konfliktkultur ist dadurch geprägt, dass Probleme eher igno-
riert, Konflikte möglichst lange nicht thematisiert werden und eher aus-
weichend reagiert wird. Es besteht die unausgesprochene Regel, keine

unangenehmen Dinge anzugehen. Für die indirekten Störaktionen werden Sachzwänge und organisationale Zwänge vorgeschoben. Die einzelnen Personen versuchen, Konflikte außerhalb der Arbeit für sich zu klären oder sie zu verdrängen. Interne Konflikte äußern sich nicht selten in erhöhten Krankenständen und überdurchschnittlicher Fluktuation. Die dahinter stehende positive Absicht ist, sich selbst keinen Angriffen auszusetzen, den Anderen nicht zu verletzen und die Akzeptanz in der Gruppe nicht zu gefährden. Konflikte, die als Mobbing bezeichnet werden, haben in der Regel eine kalte Vorgeschichte und werden deshalb oft nicht erkannt.

Zum Kalten neigende Konfliktkulturen bestehen häufig im sozialen Bereich, in der Verwaltung oder in werteorientierten Strukturen wie Kirchen, Glaubensgemeinschaften usw., wenn sie Konflikte grundsätzlich nur negativ bewerten.

In einer öffentlichen Verwaltung beklagten sich zwei Sachbearbeiterinnen, die seit Jahren in einem Raum Schreibtisch an Schreibtisch arbeiteten, unabhängig voneinander bei ihrem Vorgesetzten, sie würden von der Anderen gemobbt. Der Vorgesetzte schlug eine Mediation vor. In der Mediation zeigte sich, dass die Grundlage des Konflikts ein unglückliches Missverständnis vor etwa 4 Jahren war. Beide litten seit dieser Zeit, fanden aber keinen Weg, darüber zu sprechen. Nachdem sie sich in der Mediation ihre damalige Wahrnehmung und die sich daraus ergebenden Sichtweisen gegenseitig geschildert hatten, wurde klar, dass sie einander in einer dramatischen Art und Weise missverstanden hatten. Das wichtigste Ergebnis der Mediation war die gegenseitige Versicherung, Unklarheiten sofort anzusprechen und nachzufragen. So konnten sie weiterhin in einem Raum zusammenarbeiten.

Vermitteln in zum Kalten neigenden Konfliktkulturen (siehe Glasl 2012 und 2010):

– Bedeutung der Bearbeitung im Gesamtkontext klären
– Probleme nicht in Wertbegriffen definieren, positive Konnotierung
– Werte in Interessen und Bedürfnisse übersetzen
– Übergeordnete Ziele finden
– Prozess offen gestalten bei klarer Strukturierung, analoge Kommunikationsformen nutzen, wie Geschichten, Beispiele, Metaphern

Interessen, Bedürfnisse

Organisationskulturen, die heiße Konflikte begünstigen
Eine eher heiße Konfliktkultur ist dadurch geprägt, dass Probleme schnell und direkt angesprochen werden, d.h., dass direkte Konfronta-

Heiße Konflikte

tionen bevorzugt werden. Verbunden ist dies häufig mit einem fordern-
den, den Anderen beurteilenden Verhalten. Die unausgesprochene
Regel lautet, sich zu behaupten und keine Unklarheiten bestehen zu
lassen. Emotionen werden gezeigt – oft sogar dramatisierend über-
trieben.

In Konfliktsituationen entsteht schnell eine aggressive Stimmung, und
es kommt zu lautstarken und direkten Auseinandersetzungen. Wird der
Konflikt schärfer, dann gibt es oft für „Verlierer" nur die Möglichkeit,
aus dem Feld zu gehen, also den Arbeitsplatz zu wechseln. Die dahinter
stehende positive Absicht ist, gute Ergebnisse zu erzielen und Probleme schnell zu beseitigen.

Zum Heißen neigende Konfliktkulturen bestehen z. B. in der Produktion,
im Baugewerbe und in der Werbeindustrie.

Vermitteln in zum Heißen neigenden Konfliktkulturen:
–   Einen klaren und festen Rahmen für die Konfliktbearbeitung
      schaffen, Spielregeln für die Kommunikation und Konfliktbear-
      beitung etablieren
–   Kommunikation auf Lösungen konzentrieren, nicht in Problemen
      versinken
–   Emotionen anerkennen und verstehen, ohne sie gleichzeitig zu
      verstärken
–   Gemeinsamkeiten hervorheben
–   Ständig nicht-wertend paraphrasieren und zusammenfassen
–   Nicht zu schnell auf Ergebnisse konzentrieren

6.1.4 Untersuchen der Spannungsfelder

Wie die Organisationskultur erhebliche Auswirkungen auf die Konfliktkultur hat, so haben auch die Gestaltung der Organisationsstruktur und
die Gestaltung der Produktionsabläufe großen Einfluss auf die Entstehung von Konflikten zwischen Mitarbeitenden.

Die meisten Wirtschaftsunternehmen stehen heute vor der Herausforderung, schneller und mehr kundenorientiert und prozessorientiert zu
arbeiten. Diese Notwendigkeit einer funktionsorientierten und stellen-
übergreifenden Arbeitsweise kollidiert aber häufig mit den nach wie
vor gültigen Strukturen der traditionellen Linienorganisation. Im klassischen Organigramm wird die Gesamtaufgabe des Unternehmens in
Teilaufgaben zerlegt, diese werden zu organisatorischen Einheiten
zusammengefasst, und es entsteht eine formale Stellenhierarchie.

Das folgende Beispiel der Deutschen Lufthansa AG (zitiert nach Vahs
2007: 216 f.) zeigt dies:

„Eine Analyse der Prozesse bei der Lufthansa Anfang der 90er-Jahre
ergab, dass grundsätzlich zu viele Beteiligte auf einen Geschäfts-

prozess Einfluss nahmen. Die Arbeitsabläufe waren teilweise bis in das letzte Detail geregelt. Dieser hohe Detaillierungsgrad erforderte eine hohe Anzahl von Administratoren, die den Prozess planten, steuerten und kontrollierten. Die Konsequenz waren überdimensionierte Planungs- und Kontrollinstanzen sowie ein ausgeprägter Einsatz von hierarchischen Koordinationsinstrumenten. Die direkt am Prozess beteiligten Mitarbeiter waren aufgrund ihrer geringen Eigenverantwortung und wegen der permanenten Schnittstellenkonflikte entsprechend demotiviert. Es entstanden Reibungsverluste und Verzögerungen im Prozessablauf."

Unter dem Druck, schnell und kostengünstig Ergebnisse zu erzielen, sind die Mitarbeitenden mit Steuerungsproblemen, einem erheblichen Koordinations- und Regelbedarf und Abstimmungsschwierigkeiten konfrontiert. Es ist eine häufige Erfahrung, dass eine flexible, auf den externen Kunden gerichtete Abwicklung der Arbeit gut funktioniert, wenn es keine Konflikte zwischen den unterschiedlichen Stellen gibt. Gibt es Probleme, dann wird schnell die hierarchische Karte gezogen, die bisher in dem Prozess keine Rolle gespielt hat. Und damit entsteht an diesen Schnittstellen eine Häufung und Verschärfung der Konflikte. Die Konflikte sind damit auch ein Hinweis für Veränderungen. So hat die Deutsche Lufthansa AG einen Veränderungsprozess eingeleitet.

> Signalfunktion von Konflikten

> Reorganisation

„Konkrete Reorganisationsmaßnahmen waren daher bei der Lufthansa auf eine stärkere Integration aller Funktionen, die einen Beitrag zum Prozess leisten, ausgerichtet. (...) Eine weitergehende Delegation der Verantwortung an die direkt am Prozess beteiligten Mitarbeiter führte zur Verringerung der Vorgabentiefe. Vorherrschendes Prinzip wurde somit die Selbstorganisation der Prozesse vor Ort" (Vahs 2007: 219).

Um die Konfliktfelder im Unternehmen zu identifizieren, analysiert die Pilotgruppe die Struktur, die wesentlichen Prozesse und beispielhafte Projektabläufe. Als Konfliktfelder werden die Bereiche bezeichnet, in denen es häufiger zu Konflikten kommt und in denen Konflikte den Arbeitsprozess belasten. Die Pilotgruppe wird in Kleingruppen aufgeteilt:

– Die Gruppe „Struktur" beschäftigt sich mit dem Organigramm des Unternehmens.

– Die Gruppe „Prozesse" analysiert die Wertschöpfungskette oder einen bedeutsamen Produktionsablauf.

> Projekte

– Die Gruppe „Projekte" betrachtet den Ablauf eines relevanten Projektes. Fragen zur Analyse sind:
   a) Wo läuft es gut?
   b) An welchen Stellen treten ab und zu Probleme, Missverständnisse und Streitigkeiten auf?

c) An welchen Punkten treten immer wieder Probleme auf und
kommt es häufiger zu Konflikten?

Die Gruppe notiert diese Konflikte und betrachtet sie noch einmal
anhand der Konflikt-Triade (Kap. 2.2.1, Abb. 2-3) unter der Frage-
stellung, ob es sich um eher personale, materielle oder strukturelle
Konflikte handelt.
Nach dem Modell von Michael Porter (Porter 1986) kann die Wertschöpfungskette unter die Lupe genommen werden (Abb. 6-3).

Interne Logistik	Innerbetrieb-liche Abläufe	Externe Logistik	Marketing und Vertrieb	Kundendienst
• Materialeingang • Lagerung • Datengewinnung • Services • Kundenverkehr	• Montage • Komponenten-herstellung • Produktion • Niederlassungen	• Auftragsab-wicklung • Lagerung • Kunden-kommunikation	• Vertrieb • Verkaufsförderung • Werbung • Angebote • Pflege der Website	• Installation • Kundensupport • Beschwerde-management • Reparaturdienst

nach M. Porter

Abb. 6-3: Untersuchen der Wertschöpfungskette eines Produktionsbetriebes nach M. Porter.

Organisationale
Konfliktpotenziale

In dieser Phase der Arbeit der Pilotgruppe ist oft die Überraschung
groß, dass viele Konflikte, die als Streit zwischen einzelnen Personen
angesehen worden sind, auf sehr gut nachvollziehbaren organisationalen Konfliktpotenzialen beruhen.
In der Pilotgruppe eines Krankenhauses wurde von einer Station
berichtet, in der es während der Schichtübergaben häufig Konflikte
gebe. Besonders heftig sei dies, wenn zwei bestimmte Krankenschwestern anwesend seien, die sich „regelrecht bekämpften". Nach
einigen Nachfragen wurde klar, dass dieser als persönlich eingestufte
Konflikt nachvollziehbare strukturelle Gründe hatte: Die Stationsleitung
und ihre Stellvertreterin hatten sehr unterschiedliche Vorstellungen in
Bezug auf die Priorisierung von Aufgaben. Diese Unterschiedlichkeit
wurde jedoch nicht ausgehandelt, was zu einer Verunsicherung des
Pflegepersonals führte. Eine der beiden Krankenschwestern fühlte sich
mit der Stationsleitung verbunden, die andere stand der Stellvertreterin näher. Wenn in den Übergaben Themen auftauchten, womit die
Schwerpunkte der einen oder anderen Leiterin berührt waren, gingen
die beiden Krankenschwestern stellvertretend „in den Ring".

6.1.5 Identifizieren der Konfliktfelder

Konfliktfelder

Die drei Gruppen stellen ihre Ergebnisse im Plenum vor. Die gefundenen Konfliktfelder werden in eine Liste eingetragen.

Nr.	Bezeichnung	Bereich	Bemerkungen
1			
2			
3			
4			
5			
6			
7			
8			
9			
10			

Abb. 6-4: Zusammenschau der Konfliktfelder.

6.1.6 Berechnen der Konfliktkosten

Da in Unternehmen die Arbeitsprozesse auch kostenmäßig definiert sind, ist es möglich, die Kosten zu berechnen, die bei Störungen und Konflikten entstehen. In Kapitel 1.4 sind dazu schon einige Modelle vorgestellt worden, die hierfür sehr hilfreich sind. Dabei ist es erstaunlich, dass die zum Teil enormen Kosten von Konflikten kaum zur Kenntnis genommen werden. Dies gilt sowohl für die Kosten, die durch Konflikte entstehen, als auch für die Kosten, die für die Konfliktregelung eingesetzt werden. In beiden Bereichen können Mediation und Systemdesign neue Maßstäbe setzen.

Konfliktkosten

Die Pilotgruppe hat nun mit den erwähnten Modelle drei Möglichkeiten, das Thema Konfliktkosten so aufzubereiten, dass es für die Diskussion über das Konfliktmanagementsystem eingesetzt werden kann.

a)   *Eine Darstellung der regelmäßig auftretenden Konfliktkosten im Unternehmen*

In der Pilotgruppe könnte eine Arbeitsgruppe mit VertreterInnen aus Personalmanagement, Controlling, Qualitätsmanagement und Betriebsrat eingerichtet werden. Diese Arbeitsgruppe übernimmt die Aufgabe, nach dem Workshop I anhand der KPMG-Kriterien (Kap. 1.4.2) eine Schätzung der im Unternehmen tatsächlich anfallenden Kosten zu erarbeiten. Dabei gibt es zu einigen Punkten klar benennbare Zahlen. Bei anderen Punkten wird eine Schätzung vorgenommen.

Qualitäts-management

b)   *Eine Berechnung von Konfliktkosten in typischen Einzelfällen*

Aus der Liste der Konfliktfelder (Abb. 6-4) wählt die Pilotgruppe drei Konfliktfelder aus und diskutiert, wie die Konflikte konkret ablaufen. Sie einigt sich auf drei typische Konflikte, die genauer betrachtet werden sollen.

Stakeholder-
Modell

In drei Kleingruppen erstellen die Teilnehmenden eine Systemzeichnung des Konflikts nach dem Stakeholder-Modell, das bereits in Kapitel
2.2.3 und Abbildung 2-7 dargestellt worden ist.

Anhand dieses Bildes definieren sie die Kostenkategorien, die in Kapitel 1.4 in Einzelheiten vorgestellt worden sind, in dem Konflikt möglichst konkret. Dabei gehen sie von dem Grundansatz von Ury (siehe
Kap. 1.4.1) aus und ergänzen ihn mit weiteren Kategorien. Danach überlegen sie, welche dieser Kategorien sich eher über konkrete Zahlen
oder über die Abschätzung von Prozent der Leistung und gebundener
Arbeitszeit abbilden lassen.

Zum Schluss fassen sie die Ergebnisse in einer Abschätzung der Konfliktkosten in diesem konkreten Fall zusammen.

c)   Die Kosten der Konfliktregelung

Die Pilotgruppe kann zusätzlich noch die Kosten für die Konfliktregelung erfassen und die wahrscheinlichen Kosten für interne und externe
Mediationsverfahren dagegen stellen. Dazu reicht es, wenn diese
Gegenüberstellung an einigen Fällen dargestellt wird. Besonders
beeindruckend ist der Vergleich der Verfahrenskosten und Anwalts-
kosten bei gerichtlichen Auseinandersetzungen mit den Kosten für die
Mediation (Hagel 2013 in Trenczek/Berning/Lenz: 227ff.), der immer für
eine mediative Konfliktbearbeitung spricht.

In diesem Arbeitsschritt besteht das Gesamtbild der Konfliktkosten
aus:

– einer Auswahl von drei typischen Konflikten aus der Liste der
Konfliktfelder,

– dem Erstellen einer Systemzeichnung des Konflikts,

– der Bestimmung der Kostenkategorien nach W. Ury in dem konkreten Fall,

– der Zuordnung der Kostenarten und

– der Zusammenfassung der Ergebnisse aller Abschätzungen.

6.1.7 Untersuchen der bisherigen Formen der Konfliktregelung

Die nächste und abschließende Aufgabe in Schritt 5 (Untersuchen) ist
die vertiefte Analyse der bestehenden Konfliktregelung und die Entwicklung erster Ideen für Workshop-II-Systemdesign. Grundlage der
Arbeit sind die Übersicht über das bestehende Konfliktmanagement
aus Schritt 3 und die Ergebnisse der Beteiligungsorientierten Diagnose
aus Schritt 4.

Grundlegende Fragen zur Untersuchung des bestehenden Konflikt-
lösungssystems (Ury/Brett/Goldberg 1991: 51) sind:

– Wie werden die Konflikte beigelegt?

– Welche Konfliktregelungsstrategien werden eingesetzt und wie
häufig?

- Warum werden besonders diese Verfahren eingesetzt?
- Welche Hindernisse müssen beseitigt werden, damit Mediationen und auf Interessenausgleich zielende Verhandlungen stattfinden können?

Um die Analyse detaillierter und gezielter anwenden zu können, hat der Autor (Faller 1998) das „Hexagon konstruktiver Konfliktbearbeitung" gestaltet. Hier wird zunächst Teil A der Arbeit mit dem Hexagon vorgestellt, und später in Kapitel 6.2.5 für eine Umsetzungsstrategie fortgesetzt (Teil B).

Hexagon

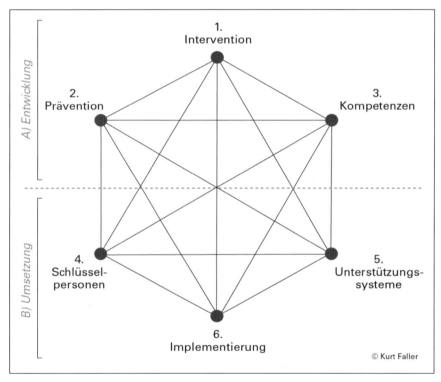

Abb. 6-5: Hexagon konstruktiver Konfliktbearbeitung – Teil A..

Das Hexagon umfasst sechs zentrale Punkte: Die drei Punkte im oberen Teil des Hexagons A sind Grundlage für die Entwicklung eines Systemdesigns, die unteren drei Punkte im Teil B beziehen sich auf die Umsetzung.

Ad 1. Die Fragen zu Interventionen:
Hier handelt es sich darum, wie die Organisation bisher mit auftretenden Konflikten umgeht und welche neuen Formen der Konfliktbearbeitung sinnvoll erscheinen.

–   Welche Konflikte treten in dem System auf? Auf welche Bereiche beziehen sich diese Konflikte?

–   Wie früh werden Konflikte erkannt und erfasst? Wann erfahren die bestehenden KAS in der Regel davon?

Krankmeldungen

–   Wie hoch sind die Kosten für diese Konflikte? Wie viel Zeit wird mit der Bearbeitung von Konflikten verbracht? Gibt es einen Zusammenhang zwischen Konflikten und Krankmeldungen?

–   Wie wurden diese Konflikte bisher gelöst? Wie hoch ist die Zufriedenheit mit den Ergebnissen? Warum wurden diese Verfahren gewählt? Gab es Versuche, andere Verfahren zu wählen – und warum sind diese Versuche nicht langfristig umgesetzt worden?

Interessen

–   Welche interessensorientierten und die Beteiligten einbeziehenden Verfahren sind möglich und erscheinen für das System umsetzbar?

Ad 2. Die Fragen zur Prävention

Hier interessiert uns, welche immer wieder auftretenden und sich wiederholenden Konfliktlagen es im Arbeitsablauf gibt und welche präventiven Maßnahmen getroffen werden können.

Konflikt-prävention

–   Wie sehen Arbeitsstrukturen und -abläufe in dem System aus?

Qualitäts-management, Beschwerde-management

–   Gibt es schon eingeführte Verfahren wie z. B. Qualitätsmanagement/Beschwerdemanagement, deren Ergebnisse ausgewertet werden können?

–   An welchen Stellen treten immer wieder oder regelmäßig Schwierigkeiten auf?

–   Wie gestaltet sich die Kooperation zwischen den Abteilungen? Sind die Schnittstellen ausreichend definiert und geregelt?

–   Wie wurde bisher mit den Problemen umgegangen? Gab es dazu verabredete Verfahrensweisen?

–   Wie schneidet das Unternehmen im Vergleich zu Mitbewerbern ab?

–   An welchen Stellen könnten präventive Verfahren oder begleitende Programme sinnvoll eingesetzt werden?

Ad 3. Die Fragen zu den Kompetenzen

Hier hinterfragen wir, welche kommunikativen und sozialen Kompetenzen die Mitarbeitenden besitzen und welche Fortbildungen und Trainings hilfreich wären.

Leitbild, Führungs-leitlinien

–   Wie gehen die MitarbeiterInnen im Unternehmen miteinander um? Entspricht die Umgangskultur dem Leitbild, den Führungsleitlinien und der Präsentation des Unternehmens?

–   Gibt es typische Merkmale und Erscheinungen in der Belegschaft, die das Arbeitsklima prägen?

– Gibt es soziale, kulturelle, ethnische oder andere Unterschiede in der Belegschaft, und wie wird damit umgegangen?

– Wie sind die kommunikativen und sozialen Kompetenzen der Mitarbeitenden einzuschätzen? Welche Maßnahmen zur Personalentwicklung wurden durchgeführt? Welche Fortbildungsangebote zum Konfliktmanagement gibt es?

– An welchen Stellen und zu welchen Themen sollten Fortbildungs- und Trainingsmaßnahmen eingesetzt werden?

Trainings

Die Betrachtung des Umgangs mit Konflikten in der Organisation von den drei Seiten Intervention/Prävention/Kompetenzen erweitert den Blick für die Analyse und erste Ideen zur Weiterentwicklung.

In einem kleineren kommunalen Krankenhaus gab es eine sehr enge und vertrauensvolle Kooperation zwischen Personalmanagement und Personalrat. Durch diese Kooperation wurden viele Konflikte zur Zufriedenheit der Beschäftigten und des Krankenhauses in Vermittlungsgesprächen geklärt. Bei der Beschäftigung mit den Fragen zur Prävention wurde den Beteiligten in der Pilotgruppe klar, dass viele Konflikte, die sie gut bearbeiteten, eigentlich viel früher hätten erkannt oder sogar vermieden werden können. Die Kernfrage war: Wie können Konflikte früher erkannt und niedrigschwelliger bearbeitet werden.

Welche Ansatzpunkte und Möglichkeiten gibt es nun, um das bestehende System der Konfliktregelung im Sinn von Interessen und Eigenverantwortung zu erweitern? An welchen Punkten in der Bewältigung schwieriger Situationen und der Regelung von Konflikten ist es sinnvoll, mediative Formen des Konfliktmanagements einzusetzen? Abbildung 6-6 erweitert das in Kapitel 5.3 (Abb. 5-10) vorgestellte Bild und zeigt nun differenziert, von welchen hierarchischen Ebenen Interventionen zur Konfliktbehandlung ausgehen können.

In der Pyramide sind in der linken Spalte die Ebenen im bestehenden System der Konfliktregelung dargestellt. Je nach Kompetenz und Organisationskultur können die beteiligten Mitarbeitenden viele Unstimmigkeiten, Missverständnisse und unterschiedliche Interessen im direkten Gespräch klären. Vieles kann durch eine entsprechende Kultur und Regeln im Team geklärt werden. Es ist eine primäre Aufgabe der verantwortlichen Führungskraft, Probleme im Arbeitsprozess und Konflikte im Team oder zwischen Mitarbeitenden zu klären. Eine Sensibilität für Abläufe und Beziehungen ist ein Grundelement modernen Führungshandelns.

Organisationskultur

Wird ein Konflikt nicht innerhalb der Abteilung oder Gruppe geregelt, gelangt er auf die Ebenen der Organisation an eine der klassischen Konfliktanlaufstellen, in den meisten Fällen zum Personalmanagement und/oder Betriebsrat. Wenn auf diesen Ebenen keine Klärung zu er-

Konfliktanlaufstelle

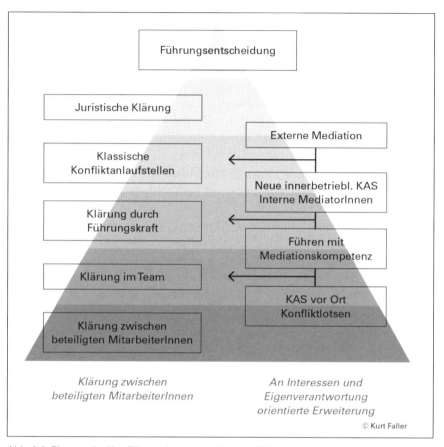

Führungsentscheidung

Juristische Klärung

Externe Mediation

Klassische
Konfliktanlaufstellen

Neue innerbetriebl. KAS
Interne MediatorInnen

Klärung durch
Führungskraft

Führen mit
Mediationskompetenz

Klärung im Team

KAS vor Ort
Konfliktlotsen

Klärung zwischen
beteiligten MitarbeiterInnen

*Klärung zwischen
beteiligten MitarbeiterInnen*

*An Interessen und
Eigenverantwortung
orientierte Erweiterung*

© Kurt Faller

Abb. 6-6: Ebenen der Konfliktregelung – erweitertes Bild.

Hierarchieebene

zielen ist, bleibt nur noch der Gang vor Gericht, oder es gibt eine Macht-entscheidung durch die Führung.

Es gibt einige Ideen und Modelle, die das bestehende System im Sinne einer stärkeren Orientierung auf Interessen und Eigenverantwortung durch mediatives Herangehen erweitern. Diese Ansätze sind in der rechten Spalte dargestellt. So gibt es gute Erfahrungen mit neuen, niedrigschwelligen Konfliktanlaufstellen vor Ort durch entsprechend geschulte Mitarbeitende, sogenannte Konfliktlotsen oder Mediative Berater.

**Konfliktlotsen,
Mediative Berater**

**Führen mit
Mediations-
kompetenz**

Ein weiteres Angebot ist die Weiterqualifizierung von Führungskräften durch Trainings „Führen mit Mediationskompetenz". Eine neue inner-betriebliche Konfliktanlaufstelle mit einem Pool an ausgebildeten internen MediatorInnen kann die Arbeit der klassischen Konfliktanlauf-stellen ergänzen. Und in besonderen Fällen können auch den Verant-wortlichen bekannte WirtschaftsmediatorInnen von außen einbezogen werden.

In dem oben genannten Krankenhaus wurden die in den Ebenen der Konfliktregelung II (in Abbildung 6-6) dargestellten Möglichkeiten zur Erweiterung des bestehenden Konfliktmanagementsystems intensiv diskutiert. An verschiedenen Beispielen wurde gemeinsam untersucht, an welchen Punkten die Konflikte hätten früher erkannt werden können und wer schon im Stadium des Entstehens hätte eingreifen können. Diese Ideen werden dann mit der A-B-Übung vertieft.

6.1.8 Die A-B-Übung mit dem Hexagon

Hexagon

„Damit Sie ein effektives Konfliktlösungssystem entwickeln können, sollten Sie zunächst einmal das bestehende System analysieren und bewerten", schreiben Ury/Brett/Goldberg (1991: 39).

Daher hat die nach dem oberen Teil des Hexagons – der sogenannten Konzept-Triade – entwickelte A-B-Übung zwei Ziele:

– das bestehende System der Konfliktregelung zu untersuchen (A);
– erste Ideen zur Erweiterung durch mediative und auf Interessenausgleich zielende Aspekte zu entwickeln (B).

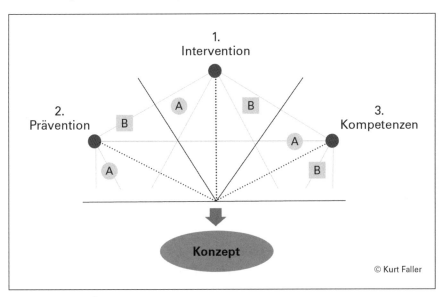

Abb. 6-7: Die A-B-Übung mit dem Hexagon.

Die Konzept-Triade besteht aus den Punkten (1) Intervention, (2) Prävention und (3) Kompetenzen. Jedem dieser Punkte ist jeweils ein Feld A und ein Feld B zugeordnet.

Die Antworten auf die Fragen zu 1 A, 2 A und 3 A werden zuerst in die Felder eingetragen. Damit ergibt sich eine Übersicht über das bestehende Konfliktmanagement. Danach werden die Antworten auf die Fragen zu 1 B, 2 B und 3 B in die Felder eingetragen.

1.   Die Fragen zu Interventionen

Hier handelt es sich darum, wie die Organisation bisher mit auftretenden Konflikten umgeht und welche neuen Formen der Konfliktbearbeitung sinnvoll erscheinen.

Die Fragen zu 1 A:

–   Welche Konflikte treten in dem System auf? Auf welche Bereiche beziehen sich diese Konflikte?

–   Wie früh werden Konflikte erkannt und erfasst? Wann erfahren die bestehenden KAS in der Regel davon?

–   Wie hoch sind die Kosten für diese Konflikte? Wie viel Zeit wird mit der Bearbeitung von Konflikten verbracht? Gibt es vermutlich einen Zusammenhang zwischen Konflikten und Krankmeldungen?

–   Wie wurden diese Konflikte bisher gelöst? Wie hoch ist die Zufriedenheit mit den Ergebnissen? Warum wurden diese Verfahren gewählt? Gab es Versuche, andere Verfahren zu wählen – und warum sind diese Versuche nicht langfristig umgesetzt worden?

Die Fragen zu 1 B:

–   Welche interessensorientierten und die Beteiligten einbeziehenden Verfahren sind möglich und erscheinen für das System umsetzbar?

–   Wie können Konflikte früher erkannt und erfasst werden?

–   Welche Konflikte könnten durch mediative Verfahren effektiver geregelt werden?

Ad 2. Die Fragen zur Prävention

Hier interessiert uns, welche immer wieder auftretenden und sich wiederholenden Konfliktlagen es im Arbeitsablauf gibt und welche präventiven Maßnahmen getroffen werden können.

Die Fragen zu 2 A:

–   Wie sehen Arbeitsstrukturen und -abläufe in dem System aus?

–   Gibt es schon eingeführte Verfahren wie z. B. Qualitätsmanagement/Beschwerdemanagement, deren Ergebnisse ausgewertet werden können?

–   An welchen Stellen treten immer wieder oder regelmäßig Schwierigkeiten auf?

–   Wie gestaltet sich die Kooperation zwischen den Abteilungen? Sind die Schnittstellen ausreichend definiert und geregelt?

–   Wie wurde bisher mit den Problemen umgegangen? Gab es dazu verabredete Verfahrensweisen?

–   Wie schneidet das Unternehmen im Vergleich zu Mitbewerbern ab?

Die Fragen zu 2 B:
–   An welchen Stellen könnten präventive Verfahren oder beglei-
     tende Programme sinnvoll eingesetzt werden?

Ad 3. Die Fragen zu den Kompetenzen
Hier hinterfragen wir, welche kommunikativen und sozialen Kompe-
tenzen die Mitarbeitenden besitzen und welche Fortbildungen und
Trainings hilfreich wären.
Die Fragen zu 3 A:
–   Wie gehen die MitarbeiterInnen im Unternehmen miteinander
     um? Entspricht die Umgangskultur dem Leitbild, den Führungs-
     leitlinien und der Präsentation des Unternehmens?
–   Gibt es typische Merkmale und Erscheinungen in der Beleg-
     schaft, die das Arbeitsklima prägen?
–   Gibt es soziale, kulturelle, ethnische oder andere Unterschiede in
     der Belegschaft, und wie wird damit umgegangen?
–   Wie sind die kommunikativen und sozialen Kompetenzen der
     Mitarbeitenden einzuschätzen? Welche Maßnahmen zur Per-
     sonalentwicklung wurden durchgeführt? Welche Fortbildungs-
     angebote zum Konfliktmanagement gibt es?
Die Fragen zu 3 B:
–   An welchen Stellen und zu welchen Themen sollten Fortbil-
     dungs- und Trainingsmaßnahmen eingesetzt werden?
–   Welche Fähigkeiten sollten Mitarbeitende und Führungskräfte
     erwerben, um interessensorientierte und mediative Verfahren
     anwenden zu können?

Wenn das Bild vollständig ist, diskutiert die Gruppe über Erweiterungs-
ideen bei Intervention, Prävention und Kompetenzen hin zu mehr mediativen Formen der Konfliktregelung. Diese Ideen sind eine erste Grundlage für den Schritt 6, die Entwicklung eines Systemdesigns.
Die 5 Felder der Analyse in diesem Schritt 5 der Entwicklungsschleife
haben eine Fülle von einzelnen Erkenntnissen und Einblicken in die
Organisation und ihren Umgang mit Konflikten gebracht. Es ist die Aufgabe des Systemdesigners, in enger Kooperation mit der internen Verantwortlichen eine Gesamtsicht der wichtigsten Ergebnisse zu erstellen. Damit wird zunächst eine Grundlage für den nächsten Schritt, die
Entwicklung eines Systemdesigns geschaffen. Gleichzeitig ist diese
Zusammenfassung auch eine gute Grundlage für den *Meilenstein 3* im   Meilenstein
Schritt 7: die Entscheidung der Führung für ein Modell.
Darüber hinaus zeigt die Erfahrung, dass diese Analyse im gesamten
Prozess der Implementierung des Konfliktlösungs- oder Konfliktmana-
gementsystems immer wieder eine Rolle spielt.

6.2   Schritt 6: Systemdesign

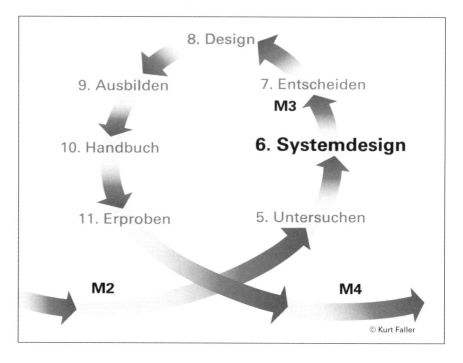

Nach der Analyse der bestehenden Konfliktregelung und der Entwicklung erster Ideen durch die Pilotgruppe in der *Workshop-I-Analyse* geht
es im Schritt 6 im *Workshop-II-Systemdesign* darum, ein Modell für ein
passgenaues Systemdesign und einen Vorschlag für die Umsetzung zu
erarbeiten. In Schritt 5 ist das bestehende Konfliktmanagement gründlich betrachtet worden. Dadurch sind die Elemente deutlich geworden,
die sich bewährt haben, und es wurden die Punkte herausgearbeitet,
die im Sinne einer interessenorientierten und mediativen Herangehensweise verbessert und erweitert werden können. Auf diesen Aspekt
der Erweiterung und Verbesserung konzentriert sich die Arbeit am
Systemdesign in Schritt 6.

6.2.1 Workshop-II-Systemdesign

Pilotgruppe   Im *Workshop-II-Systemdesign* erarbeitet die Pilotgruppe mit aktiver
Unterstützung durch die externe Systemdesignerin und der internen
Verantwortlichen ein Systemdesign. Dieses Systemdesign wird in
Schritt 7 dem Managementteam zur Entscheidung vorgelegt.
Dazu erarbeitet die Pilotgruppe
–   den Entwurf für ein für das Unternehmen passendes Modell (die
      Aufbaustruktur),
–   die neuen Verfahren der Konfliktbearbeitung (die Ablaufstruktur),

- die Systemsteuerung für das KMS,
- eine Strategie für die Umsetzung.

Der folgende Ablauf hat sich für das *Workshop-II-Systemdesign* bewährt:

1. *Einstieg*
   Präsentation der Ergebnisse der Workshop-I-Analyse
2. *Aufbaustruktur des neuen KMS*
   Arbeiten mit der MEDIUS-Modell-Matrix (siehe Abb. 3-1)
   - Welches Modell ist für das Unternehmen sinnvoll und umsetzbar?
   - Identifizieren der in Frage kommenden Felder nach Verankerungstiefe und Ansätzen
   - Prüfen der Modelle
   - Entscheidung für ein Modell
   - Darstellung des Modells
3. *Ablaufstruktur des neuen KMS*
   - Die einzelnen Schritte des Verfahrens der Konfliktregelung
   - Was ist für eine nachhaltige Konfliktlösung wichtig?
   - Darstellung des Verfahrens
4. *Systemsteuerung*
   - Wie müssen die neuen Elemente in der Organisation verankert werden?
   - Welche Regelungen und Unterstützungssysteme sind für Funktionsweise und Verankerung des KMS notwendig?
5. *Entwurf einer Umsetzungsstrategie*
   - Schwerpunkte
   - Vorläufiger Zeitplan

Abb. 6-7: Möglicher Ablauf des Workshop-II-Systemdesigns.

Im ersten Workshop hat die Pilotgruppe schon eine Reihe von Ideen entwickelt und inzwischen im Unternehmen weiterdiskutiert. Der Systemdesigner nimmt diese Ideen auf und achtet darauf, dass die Gruppe sich nicht zu früh auf ein Modell festlegt. So hat die Einführung von Konfliktlotsen eine hohe Faszination. Dennoch sollte die Pilot- **Konfliktlotsen** gruppe genau prüfen, ob dieses Modell in der aktuellen Situation des Unternehmens der richtige *erste* Schritt ist.

In der Pilotgruppe eines mittleren Vertriebsunternehmens gab es große Begeisterung für das Konfliktlotsen-Modell. Die Analyse der Konfliktfelder hatte aber ergeben, dass ein Großteil der Konflikte im Unternehmen durch den unterschiedlichen und in der Form oft unglücklichen Umgang mit Kundenbeschwerden resultierte. Nach längerer Diskussion entschied sich die Pilotgruppe für eine Verbesserung des Beschwerdemanagements mit mediativen Mitteln. Dazu wurde **Beschwerde-** eine Schulung der Vertriebsmitarbeiter geplant. Die Geschäftsführung **management** stimmte sofort zu. Damit war der Einstieg in ein erweitertes KMS geschafft, weitere Schritte folgten später.

6.2.2 Arbeiten mit der MEDIUS-Modell-Matrix

Die Pilotgruppe erarbeitet mit der MEDIUS-Modell-Matrix (siehe Kap. 3.2, Abb. 3-1) in mehreren Schritten ein eigenes Modell und bestimmt die Elemente für die Aufbaustruktur.

Verankerungs-
tiefe

Die Pilotgruppe trifft eine Entscheidung über die Ebenen und die Verankerungstiefe des neuen KMS: Dazu betrachtet sie die Ergebnisse der Auftragsschleife und vor allem der vertieften Analyse zur Organisationskultur. Denn die Möglichkeiten, ein neues System einzuführen, hängen eng mit der Organisationskultur zusammen. Dieser Zusammenhang wird in der praktischen Arbeit immer wieder deutlich. Daraus ergeben sich mehrere Varianten.

Macht

Variante 1: In einer stark hierarchischen, sehr auf Machtentscheidungen ausgelegten Kultur, empfiehlt es sich, eher auf der Ebene Mediationsprojekte einzusteigen. Dadurch kann ein Freiraum geschaffen werden, um Erfahrungen zu sammeln, die Akzeptanz interessensorientierter Verfahren zu prüfen und anschließend weiterzugehen.

Variante 2: Wenn es ein gewisses Interesse, aber noch keine Erfahrungen mit mediativen Verfahren gibt, ist es sinnvoll, auf der Ebene Mediationssystem einzusteigen. Dieser Weg bietet die Möglichkeit, die angedachte Struktur in Ruhe aufzubauen, Erfahrungen in der praktischen Umsetzung zu sammeln und erst dann Schritt für Schritt die neuen Strukturen mit den bestehenden zu verbinden.

Organisations-
kultur

Variante 3: In einem Unternehmen mit einer entwickelten Unternehmenskultur und Erfahrungen mit Verhandlung und Mediation kann man direkt auf der Ebene Konfliktmanagementsystem einsteigen und es nach und nach zu einem integrierten Konfliktmanagementsystem weiterentwickeln.

In der aktuellen Situation bei der Entwicklung von Konfliktmanagementsystemen in Unternehmen ist der Einstieg bei Mediationssystemen in den meisten Fällen der sinnvolle Weg. Für die Arbeit mit der Matrix (Abb. 5-18) bedeutet das, dass wir uns auf den Feldern 6–10 bewegen.

Nun wählt die Gruppe einen Ansatz aus oder kombiniert mehrere Ansätze. Mit der A-B-Übung hat die Gruppe schon erste Ideen erarbeitet und diskutiert, welcher Ansatz oder welche Kombination von Ansätzen für das Unternehmen sinnvoll sind.

Konflikt-
management-
Kommission

Wenn die Gruppe sich z. B. entschieden hat, eine Kombination aus Konfliktlotsen- und Kommissionsmodell zu wählen und auch Ansätze für die Veränderung der Unternehmenskultur zu suchen, entsteht das Systemdesign aus den Feldern 8, 9 und 10.

Nachdem sich die Gruppe für ein Modell entschieden hat, erarbeitet sie die Elemente, die dazu notwendig sind. Ein Konfliktlotsenmodell z. B. muss in einem dezentral aufgestellten Unternehmen mit mehreren

Standorten anders strukturiert werden als in einem Unternehmen mit einem Standort. Die Gestaltung des Konfliktlotsenmodells richtet sich nach der Struktur des Unternehmens. Eine Konfliktkommission beim Kommissionsmodell wird in einem kleinen oder mittleren Unternehmen anders zusammengestellt als in einem Großunternehmen.

Die Gruppe erstellt nun eine Definition oder ein Bild der vorgeschlagenen Aufbaustruktur für das Systemdesign.

Ein Beispiel ist die Firma Wozabal in Linz, die eine Kombination aus Kommissions- und Lotsenmodell gewählt hat. An jedem Standort gibt es 3 bis 4 Konfliktlotsen als Ansprechpartner.

Aufgaben der Konfliktlotsen sind:

Konfliktberatung – Konfliktcoaching – Führen von Klärungsgesprächen

– In der Zentrale wird eine Konfliktkommission gebildet. Mitglieder sind die Personalchefin, Betriebsratsvorsitzende, Qualitätsbeauftragter.

Aufgaben der Konfliktkommission sind:

– Überbetriebliche Koordination von interner und externer Mediation
– Betreuung der Konfliktlotsen
– Regelmäßige Berichterstattung an Geschäftsleitung

Ein weiteres Beispiel sind die Gemeinnützigen Werkstätten Neuss – GWN GmbH.

Coaching

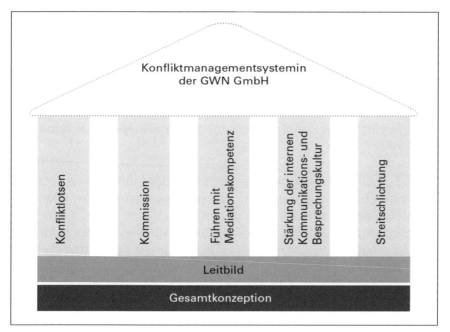

Abb. 6-8: Systemmodell der GWN GmbH in Neuss.

6.2.3 Erarbeiten der Ablaufstruktur für ein Systemdesign

Nach der Entscheidung für das neue Modell (Aufbaustruktur) konzentriert sich die Pilotgruppe darauf, die neuen Verfahren für die Konfliktbearbeitung (Ablaufstruktur) festzulegen.

Dabei sind folgende Fragen zu beantworten:

- Wie werden Konflikte möglichst früh erkannt?
- Wie und an welchen Stellen werden Konflikte erfasst?
- Wie wird die Bearbeitung dieser Konflikte vorbereitet, und wer wird damit beauftragt?
- Welche Möglichkeiten zur Bearbeitung von Konflikten stehen im Betrieb zur Verfügung?
- Welche Konflikte werden intern, welche extern bearbeitet?
- Was geschieht mit den Ergebnissen der Konfliktbearbeitung?

Ein Systemdesign sieht eine Ablaufstruktur mit 4 Elementen vor, die jetzt konkret von den Erfahrungen und Möglichkeiten der Organisation her erarbeitet werden.

Die 4 Elemente sind:

1.   Konflikterfassung

Wie und von wem können Konflikte möglichst früh erkannt, aufgenommen und die Information darüber weitergeleitet werden?

Konflikt-verwaltung

2.   Konfliktverwaltung

An welcher Stelle laufen die Informationen zusammen? Wie wird das Setting für die Konfliktbearbeitung erarbeitet? Von wem werden die dazu notwendigen Entscheidungen getroffen und wird der Prozess organisiert?

3.   Konfliktbearbeitung

Wer sichert den Rahmen für die Bearbeitung und unterstützt die Beteiligten?

Auswertung

4.   Konfliktauswertung

Was geschieht mit den Ergebnissen? Wer muss von wem informiert werden?

Diese Fragen in den 4 Elementen sollten entsprechend der Kultur, der bisherigen Erfahrungen und der gewählten Aufbaustruktur bestimmt werden. In der Ablaufstruktur zeigt sich, ob es gelungen ist, die Balance zwischen einer möglichst starken Einbindung in betriebliche Abläufe und der relativen Unabhängigkeit im Verfahren der Konfliktbearbeitung zu finden.

Führungskraft, Konflikt-anlaufstellen

So ist es in Wirtschaftsunternehmen in der Regel klar, dass die verantwortliche Führungskraft und die mit dem Fall befassten Konfliktanlaufstellen bei der Entscheidung mitwirken, ob und wie mediative Verfahren einbezogen werden und dass sie über die Ergebnisse informiert

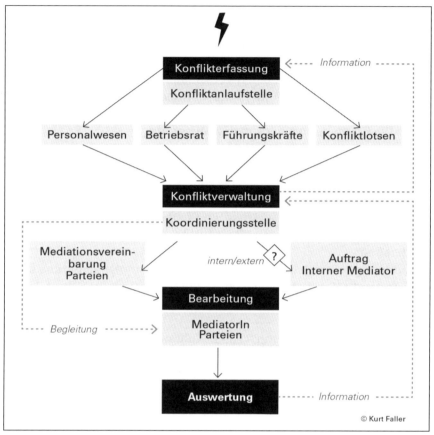

Abb. 6-9: Ablaufmodell für ein Systemdesign.

werden. Im Bildungsbereich – also in Kindergärten, Schulen oder Hochschulen – ist das keineswegs selbstverständlich. Hier müssen andere Formen gefunden werden, um die Ergebnisse in der Organisation zu kommunizieren.

6.2.4 Systemsteuerung für ein Systemdesign

Nach der Festlegung eines Modells (Aufbaustruktur) und der Ablaufstruktur klärt die Pilotgruppe die Verantwortlichkeiten für die Systemsteuerung. Wenn eine Erweiterung des bestehenden Konfliktmanagements geplant ist und neue Strukturen geschaffen werden, empfiehlt es sich, dafür eine eigene interne Konfliktanlaufstelle einzurichten. Diese Stelle, die oft bei Personalentwicklung, Sozialberatung oder ähnlichen Querschnittsfunktionen angesiedelt ist, betreut mit einem Teil ihrer Arbeitszeit die Konfliktlotsen und internen MediatorInnen und koordiniert die Konfliktbearbeitung mit den verantwortlichen Führungskräften und den klassischen Konfliktanlaufstellen.

Ablaufstruktur

Qualitäts-
management,
Gesundheits-
management

Die Entscheidungen werden in einer Konfliktmanagement-Kommission getroffen, in der auf jeden Fall die Personalabteilung, der Betriebsrat, aber auch VertreterInnen von Qualitäts- und Gesundheitsmanagement vertreten sind.
Die Pilotgruppe erarbeitet einen Vorschlag für die Besetzung der internen Konfliktanlaufstellen und die Zusammensetzung der Kommission.

6.2.5 Die Erarbeitung einer Umsetzungsstrategie

Hexagon

Nachdem eine Modell für ein Systemdesign erarbeitet worden ist, wird eine Umsetzungsstrategie entwickelt, nach Teil B des Hexagons. Es geht also jetzt um 4. Schlüsselpersonen, 5. Unterstützungssysteme, 6. Implementierung.
Die Frage nach weiteren internen und externen Unterstützungssystemen hilft, mögliche weitere Ressourcen für das Systemdesign zu erschließen.
Ein vorläufiger Projektplan zur Entwicklung und Implementierung eines erweiterten KMS schafft eine weitere Voraussetzung für Schritt 7: Entscheidung.

Die Arbeit mit dem Hexagon – Teil B – gilt den Fragen der Umsetzung.

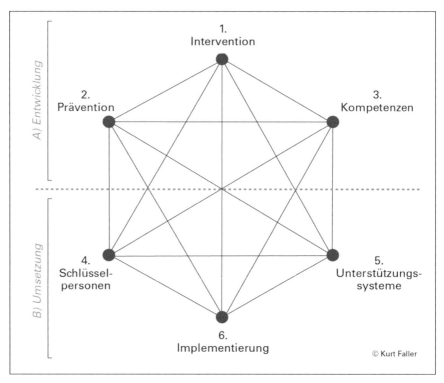

Abb. 6-10: Das Hexagon – Teil B.

Ad 4. Die Fragen zu den Schlüsselpersonen:

Die Schlüsselpersonen im Unternehmen für die Entwicklung eines Konfliktmanagementsystems sind in der Regel die Führungskräfte und die VertreterInnen der bestehenden Konfliktanlaufstellen. Veränderungen sind nur möglich, wenn diese beiden Gruppen dafür gewonnen werden.

–   Gibt es ein Unternehmensleitbild? Wie wird es wirksam?

–   Gibt es gemeinsame und verbindliche Führungsinstrumentarien in der Organisation (zur Ertragssteuerung, Mitarbeiterführung, Unternehmensinformation und -kommunikation, Planung, Controlling)?

–   Wie hoch ist bei den Führungskräften und den Vertretern der Konfliktanlaufstellen die Bereitschaft, in der Konfliktregelung neue Wege zu gehen?

–   Welche Kenntnisse haben sie von Mediation und Konfliktmanagement?

–   Welche Fortbildungs- und Trainingsmaßnahmen gibt es bereits für diese Gruppen?

–   Welche Unterstützung brauchen Führungskräfte und VertreterInnen der Konfliktanlaufstellen bei der Umsetzung neuer Formen des Konfliktmanagements?

Ad 5. Die Fragen zu den Unterstützungssystemen:

Innerhalb und außerhalb jedes Systems gibt es Unterstützungssysteme, deren Ressourcen und Kompetenzen für Konfliktregelung genutzt werden können.

Welche weiteren Stellen und Institutionen gibt es noch zur Regelung von Konflikten oder Konfliktfolgen …

–   in der Organisation?

–   im direkten Umfeld der Organisation?

–   bei Verbänden wie Handelskammer, Berufsgenossenschaft, Krankenkasse, Rechtsschutzversicherung usw.?

–   in der Kommune?

–   bei Bildungsträgern und Fortbildungsinstitutionen?

–   bei Berufsverbänden (Anwalt, SteuerberaterIn, MediatorIn)?

Ad 6. Die Fragen der Implementierung:

Dabei geht es um die Fragen, wie und in welchen Formen und in welchen Zeiträumen das Konfliktmanagementsystem im Unternehmen verankert wird.

Was heißt dies im Detail?

–   Wie geht das Unternehmen ansonsten mit internen Veränderungsprozessen um?

- Gibt es Strukturen/Verantwortlichkeiten für die Implementierung neuer interner Verfahren?
- Gibt es dafür vergleichbare Beispiele?
- Welche Formen der Implementierung neuer Verfahren sind bekannt und üblich in der Organisation?
- Welche weiteren Verfahren müssen hier bei der Entwicklung und Implementierung des neuen Konfliktmanagementsystems noch bedacht werden?
- Welche Erfahrungen gibt es mit Projektmanagement bei internen Veränderungsprozessen?
- Welche anderen Planungen gibt es noch im Unternehmen?

Diese Arbeit kann mithilfe der Kraftfeldanalyse nach Doppler/Lauterburg visualisiert werden.

Kraftfeldanalyse Eine Kraftfeldanalyse kann hilfreich sein, um Aufschluss darüber zu geben, wie die Schlüsselpersonen zu dem Projekt stehen und wo die förderlichen und hinderlichen Aspekte für die Umsetzung liegen. Diese Kraftfeldanalyse darf nicht verwechselt werden mit der Methode, die Kurt Lewin entwickelt hat (siehe Glasl/Kalcher/Piber 2014: 246 ff.).

Das Instrument nach Doppler/Lauterburg (2005: 319) hat zum Ziel, die Reaktionen des relevanten Umfelds auf eine geplante Veränderung ganzheitlich zu betrachten.

Das relevante Umfeld für die Entwicklung eines KMS sind verantwortliche Führungskräfte und VertreterInnen der bestehenden Konfliktanlaufstellen.

Für die spätere erfolgreiche Umsetzung ist es wichtig, die mögliche innere Haltung dieser Gruppen zu dem gefundenen Modell eines neuen KMS rechtzeitig zu erfassen. Dazu dienen die folgenden Leitfragen:

- Wer ist für eine Änderung des derzeitigen Zustands – und mit wie viel Energie wird er/sie sich dafür einsetzen?
- Wer ist gegen eine Änderung, und mit welchen Verhinderungs- oder Blockadestrategien wird sie/er vermutlich arbeiten?

Blockade, Widerstand

- Wer hält sich zwar im Moment heraus, könnte aber unter bestimmten Bedingungen ein „Förderer" oder ein „Widerständler" werden?
- Welche anderen Themen sind mit diesem Projekt verflochten?
- Welches Energiefeld ergibt sich daraus insgesamt für das geplante Vorhaben?

Gewerkschaften, Interessensverbände Diese Kraftfeldanalyse bezieht sich auf Personen aus 3 Gruppen: (1) verantwortliche Führungskräfte, (2) VertreterInnen der Konfliktanlaufstellen, (3) andere relevante Personen (Eigentümer, frühere Führungskräfte, Berater, Anwälte, Gewerkschaften, Interessenverbände usw.).

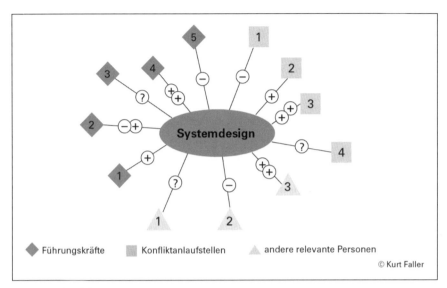

Abb. 6-11: Kraftfeldanalyse nach Doppler/Lauterburg.

Die Pilotgruppe erstellt in mehreren Kleingruppen diese Kraftfeldanalyse auf folgende Weise:

–   Auf einem großen Blatt wird in der Mitte „Systemdesign" eingezeichnet.

–   Im Kreis werden die relevanten Personen aus den drei Gruppen eingezeichnet. Nach dem Grundsatz: „Erst beschreiben, dann bewerten" werden zuerst alle Personen eingetragen.

–   Die Gruppe diskutiert nun, welche Personen für eine positive Entscheidung besonders wichtig sind und wer von der geplanten Veränderung am stärksten betroffen ist, wer nicht so stark involviert, aber wichtig ist und wer eher am Rand steht.

–   In dieser Reihenfolge diskutiert die Gruppe, welche Informationen über die jeweilige Position der einzelnen Person vorhanden sind. Dies wird mit Zeichen eingetragen.

Die Ergebnisse der Arbeit in den Kleingruppen werden im Plenum vorgestellt, die Unterschiede in der Einschätzung diskutiert und auf dieser Grundlage eine gemeinsame Kraftfeldanalyse erstellt.

Daraus wird ein Maßnahmenplan für weitere Erkundungen und Gespräche entwickelt, um die Unterstützung zu fördern und auf Bedenken einzugehen.

In verschiedenen Projekten wurden durch die Kraftfeldanalyse noch wichtige Personen benannt, die bisher noch nicht einbezogen waren. So wurde in einer Pilotgruppe in einem Familienunternehmen erst an diesem Punkt deutlich, dass die Eigentümerin noch nicht informiert

Pilotgruppe

war. Ihr Ehemann war der Geschäftsführer. Es war bekannt, dass sie Initiativen zur Verbesserung des Arbeitsklimas immer unterstützte.

Oder in einem großen Unternehmen zeigte sich, dass der Leiter des Betrieblichen Eingliederungsmanagements (BEM) schon länger darauf wartete, informiert zu werden.

6.2.6 Vorbereiten der Präsentation zur Entscheidung

Zum Abschluss der umfangreichen Arbeiten in den beiden Workshops stellt die Pilotgruppe die Ergebnisse für die Vorbereitung der Präsentation zur Entscheidung zusammen.

Durch die intensive Arbeit ist vieles für die Mitglieder der Pilotgruppe klar und leicht nachvollziehbar geworden. Die Aufgabe besteht nun darin, die Ergebnisse so aufzubereiten, dass die Mitglieder der zuständigen Entscheidungsebene diese Entwicklung der Diskussion und die Überlegungen zum Systemdesign nachvollziehen können. Natürlich kann der interne Verantwortliche – unterstützt von der Systemdesignerin – die Ergebnisse der Analyse, den Entwurf des Systemdesigns (Aufbaustruktur, Ablaufstruktur und Systemsteuerung) und die Vorschläge für die Umsetzung (Projektleitung, Zeitrahmen und Umfang der Teilnehmenden der Ausbildungen und Qualifizierungsmaßnamen) vortragen. Interessanter für die Entscheidungsträger und lebendiger ist es, wenn die gesamte Pilotgruppe mit verteilten Rollen die einzelnen Ergebnisse präsentiert. Die Entscheidungsträger sind neben den Ergebnissen meist auch von dem Engagement der Mitglieder der Pilotgruppe beeindruckt. Das Thema Mediation und interessensorientierter und konstruktiver Umgang mit Konflikten hat weitere aktive und engagierte Verbündete im Unternehmen gefunden.

6.3 Schritt 7: Entscheiden

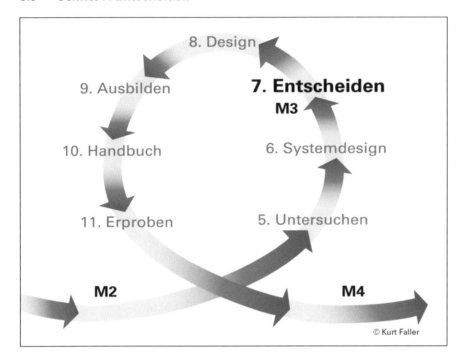

6.3.1 Meilenstein 3: Entscheiden über das Modell

Im *Meilenstein 1* und *2* hat das Unternehmen die Entscheidung über das „Ob" eines erneuerten, an mediativen Aspekten orientierten KMS getroffen. Im *Meilenstein 3* in Schritt 7 fällt die Entscheidung über das „Wie".

Grundlage für den Entscheidungsprozess sind das Systemdesign und der Vorschlag zur Umsetzung, der von der Pilotgruppe erarbeitet wurde. Im Vorfeld wird geklärt, welche Entscheidungsebene in der Organisation zuständig ist und wie an weitere Ebenen berichtet wird. Ausgehend von der aktuell am häufigsten gewählten Variante, nämlich ein Mediationssystem mit Konfliktlotsen und Kommission aufzubauen und dies Schritt für Schritt mit dem bestehenden Konfliktmanagement zu einem einheitlichen Konzept zu verbinden, werden nach einer grundsätzlichen Zustimmung auf der oberen Ebene die konkreten Beschlüsse auf der mittleren Ebene gefasst.

Die jeweilige Führungsebene trifft eine Entscheidung über

– das für das Unternehmen passende Modell und das entsprechende Verfahren;

– die notwendigen Qualifizierungsmaßnahmen;

– den Zeitplan für die Umsetzung;

– die notwendigen Ressourcen.

(Randnotizen: Meilenstein / Führungsebene)

In dem Beschluss wird auch eine interne Projektleitung bestimmt, die für die Durchführung verantwortlich ist und der Leitung regelmäßig zu berichten hat.

6.3.2 Entscheidungsvorlage

Von der Entscheidung in *Schritt 7* hängt der gesamte weitere Prozess der Entwicklung und Implementierung eines erweiterten KMS ab. Deshalb sollte die Entscheidungsvorlage umfassend und präzise ausgearbeitet werden.

Sie ist in 5 Schwerpunkte aufgeteilt:

1.   Die bisherigen Beschlüsse

Anhand der Schritte der Systemdesignschleife werden die bisherigen Beschlüsse zum *Meilenstein 1* und *Meilenstein 2* und kurz die Ergebnisse der Schritte 1 bis 4 in der Auftragsschleife dargestellt.

2.   Die Ergebnisse der vertiefenden Analyse durch die Pilotgruppe

Interessant für die Entscheidungsträger sind vor allem ...

Organisationskultur
–   die Aussagen zur Organisationskultur;

–   die Liste der Konfliktfelder;

Konfliktkosten
–   die konkrete Abschätzung der Konfliktkosten;

–   die Bewertung der bestehenden Konfliktregelung.

3.   Der Entwurf für das Systemdesign

Im Zentrum der Diskussion steht das ausgewählte Modell mit den 3 Komponenten:

–   Aufbaustruktur

–   Ablaufstruktur

–   Elemente der Systemsteuerung

4.   Die Vorschläge für die Umsetzung

In dieser Sitzung sollten auch alle wichtigen Entscheidungen für das Projektmanagement getroffen werden:

–   Projektleitung

–   Zeitplan

–   Ausbildung

–   Erstellung des Handbuchs

5.   Ressourcen

Den Abschluss bildet ein Überblick über die notwendigen finanziellen Ressourcen.

6.4   Schritt 8: Design

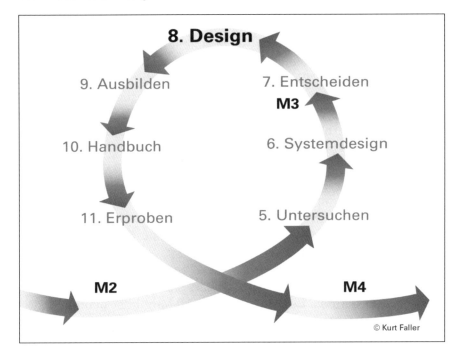

Die wichtigsten Entscheidungen über das Systemdesign und die Rahmenbedingungen des Aufbaus von zusätzlichen mediativen Strukturen sind gefallen. Damit der Aufbau der neuen Strukturen und Abläufe, die schrittweise Verbindung mit den bestehenden Formen der Konfliktregelung und die Integration in die Unternehmenskultur gelingen, ist eine sorgfältige Planung notwendig. Dazu wird im Schritt 8 ein Design des Umsetzungsprozesses erstellt.

Als Grundlage eines Prozessdesigns werden die Elemente des Veränderungsprozesses bestimmt. Dabei sind 3 Aspekte entscheidend: das Projektmanagement, die Abstimmung in der Organisation, die Qualifizierung der internen VermittlerInnen.

Projektmanagement
Was ist nötig, damit der Prozess der Entwicklung vorangetrieben, gesteuert und im Unternehmen kommuniziert wird?
In der Führungsentscheidung sind die Projektleitung und die Zusammensetzung einer Steuerungsgruppe bestimmt worden. In der Regel wird der bisherige interne Verantwortliche zum Projektleiter ernannt. Manchmal werden andere Personen eingesetzt. So war z. B. In einem Unternehmen zu Beginn der Personalchef die treibende Kraft. Nachdem das Systemdesign beschlossen war, übernahm eine andere

Randspalte:
Rahmenbedingungen

Organisationskultur

Projektleitung, Steuerungsgruppe

Führungskraft, die in der Pilotgruppe mitgearbeitet hatte, die Projektleitung.

In der Steuerungsgruppe sitzen neben der Projektleitung VertreterInnen aus der Personal- und der Rechtsabteilung, Betriebsrat und Führungskräfte aus Fachabteilungen. Am günstigsten ist es, wenn in der Steuerungsgruppe die VertreterInnen der Institutionen mitarbeiten, die schon in der Pilotgruppe tief in das Thema eingestiegen sind. In der Steuerungsgruppe sollten auf jeden Fall relevante VertreterInnen der Institutionen mitarbeiten, damit immer gesichert ist, dass diese Institutionen das Projekt mittragen. Beispielsweise arbeitete in einer Steuerungsgruppe ein Vertreter aus dem Betriebsrat, der in der Sache sehr engagiert, aber im Betriebsrat aufgrund anderer Meinungsverschiedenheiten in einer Minderheitenposition war. Dies erschwerte die Kommunikation mit dem Betriebsratsvorsitzenden. Diese Konstellation, die den anderen Mitgliedern der Steuerungsgruppe nicht bewusst war, führte zu einer echten Krise im Projekt.

Nachdem die Organisation das Projekt beschlossen hat und es in der Organisation umgesetzt wird, ändert sich die Rolle des Systemdesigners. Er wird als Begleiter, Coach und Vermittler gebraucht. Die Leitung des Prozesses und die Moderation der Sitzungen liegen ganz bei der internen Projektleitung. Sie ist auch verantwortlich für die Kommunikation und die Planung von Veranstaltungen zur Information oder Einbeziehung der Abteilungen.

Die Abstimmung in der Organisation

Ein weiterer Punkt ist die systematische Abstimmung im Unternehmen. Dazu wird eine Dialoggruppe als regelmäßiges Abstimmungs- und Berichtsorgan mit der Führung eingerichtet. Dieser regelmäßige Zugang zur Führung ist eine wichtige Unterstützung für die Projektleitung. Schwierige Phasen des Entwicklungsprozesses können so besser bewältigt werden. In größeren Unternehmen kann es auch sinnvoll sein, eine weitere Dialoggruppe mit den Verantwortlichen der klassischen Konfliktanlaufstellen einzurichten. Mit diesen Dialoggruppen werden besondere Veranstaltungen und die Nutzung der unternehmensinternen Medien abgesprochen.

Die Qualifizierung der internen VermittlerInnen

Eine wesentliche Komponente der Entwicklung des Mediationssystems ist die Ausbildung – je nach Konzept – der Konfliktlotsen, KonfliktnavigatorInnen, internen MediatorInnen, VertreterInnen der klassischen Konfliktanlaufstellen oder Führungskräfte. Für die Ausbildung und Qualifizierung dieser Gruppen gibt es vom Umfang und Inhalt unterschiedliche Konzepte.

Personalabteilung, Rechtsabteilung, Betriebsrat

Rollen Systemdisigner

Dialoggruppe

Konfliktanlaufstellen

Konfliktlotsen, Konfliktnavigatoren

Für das Design des Prozesses beschreiben Königswieser/Hillebrand (2008: 59) das Grundverständnis eines solchen Designs: „Gute Architekten entwickeln gemeinsam mit dem Bauherrn ihre Entwürfe und berücksichtigen alle Rahmenbedingungen wie Generalbebauungspläne, Gesetze, Umgebung, gegenwärtige und zukünftige Bedürfnisse der Bauherren, Budgetrahmen usw. Genauso konstruieren auch wir als Berater gemeinsam mit Vertretern des Klientensystems die Gesamtkonzeption des Beratungsprozesses auf der sachlich-inhaltlichen, sozialen, zeitlichen, räumlichen und symbolischen Dimension. Auch hier gilt: Pläne verändern sich; werden situationsangepasst überarbeitet."

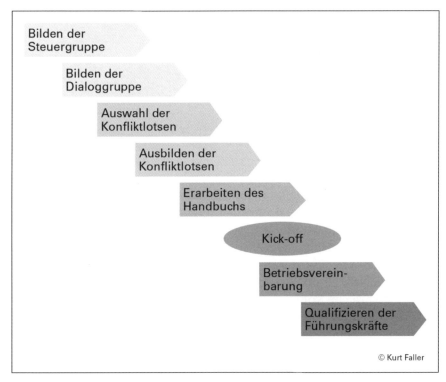

Abb. 6-12: Design der Prozessschritte.

Im bereits erwähnten Krankenhaus war auf Wunsch der Geschäftsführerin, die das gesamte Projekt vorangetrieben hatte, ein ambitionierter Zeitplan erstellt worden. Es zeigte sich schnell, dass die Abstände zwischen den Ausbildungsmodulen zu kurz waren, um den normalen Arbeitsalltag mit Urlauben, Krankheitsausfällen usw. bewältigen zu können. Nach zwei Modulen stellte sich heraus, dass die Geschäftsführerin gekündigt hatte, um zu einem größeren Träger zu wechseln. Ihr Nachfolger legte andere Schwerpunkte und stoppte zunächst das gesamte Projekt. Nach einem Jahr konnte – dank der Beharrlichkeit der

Abb. 6-13: Prozessdesign für Akteure auf der Zeitachse.

internen Verantwortlichen – das Projekt weitergeführt werden, nachdem viele Aktivitäten gelaufen waren, den neuen Geschäftsführer zu
gewinnen. An den Ausbildungen nahmen aufgrund von Fluktuation
einige neue Personen teil, so dass die Ausbildung im Grunde neu
begonnen werden musste.

Das folgende Beispiel der Firma Wozabal illustriert den zeitlichen
Umfang der Aktivitäten (erarbeitet von Christian Radmayr und Gerhard
Führer, MEDIUS GmbH Österreich, Linz):

– Erfolgreiche Konfliktbearbeitung „AK-Report"   12/07
– Projektstart durch GF und BR (oberösterr. Betriebe) 02/08
– Beteiligungsorientierte Diagnosephase   03/08
– Systemdesign
– Qualifizierung der Kommission und Lotsen   09–11/08
– Abstimmung der Rahmenbedingungen im Führungskreis
– Konflikthandbuch, Betriebsvereinbarung   12/08
– Mitarbeiter-Information, Öffentlichkeitsarbeit   01/09
– Ausweitung auf alle Standorte, FK-Qualifizierung   2009 ff.

6.5   Schritt 9: Interne MediatorInnen ausbilden

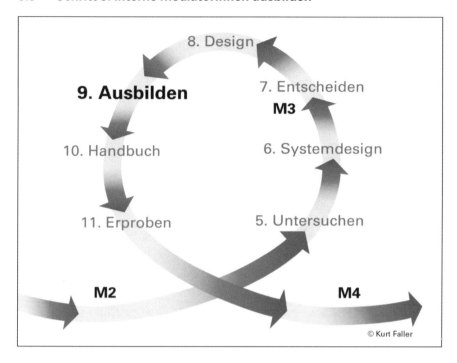

Das Unternehmen hat das Systemdesign beschlossen und die Rahmenbedingungen für den Aufbau der neuen Elemente eines erweiterten KMS geschaffen. Diese neuen Elemente werden im Schritt 9 durch die Ausbildung der internen VermittlerInnen und die Qualifizierung von Fach- und Führungskräften mit Leben gefüllt. Im Systemdesign sind die Funktionen benannt, die nun besetzt und qualifiziert werden. Grundlage für die Ausbildung ist in unserem Fall das MEDIUS-Konzept der innerbetrieblichen Qualifizierung für Mediation und Konfliktmanagement.

Das MEDIUS-Konzept der innerbetrieblichen Qualifizierung ist in den letzten 15 Jahren aus vielen Trainings und Ausbildungen entstanden. Besonders die Verantwortung für das „Weiterbildende Studium Mediation und Konfliktmanagement in Wirtschaft und Arbeitswelt" an der Ruhr-Universität Bochum war eine ständige Herausforderung, die praktischen Erfahrungen zu reflektieren und für die Lehre zu strukturieren. Die Hauptelemente der innerbetrieblichen Konfliktbearbeitung, wie die kooperative Auftragsgestaltung, die Gestaltung des Settings und die 12 Techniken sind vielfach erprobt und werden ständig weiterentwickelt. Diese Elemente können für unterschiedliche Bedarfe und unterschiedliche Branchen und Organisationskulturen wie in einem Baukasten kombiniert werden.

Qualifizierung

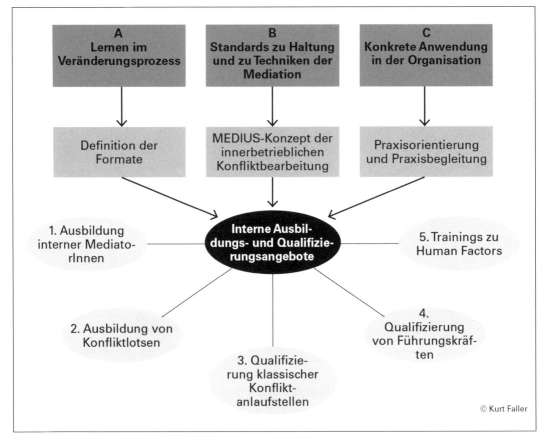

Abb. 6-14: Innerbetriebliche Qualifizierung nach dem MEDIUS-Konzept.

Das Konzept der innerbetrieblichen Qualifizierung geht von 3 Bereichen aus, die bei der Vermittlung von Mediation im Unternehmen zu berücksichtigen sind.

Lernprozesse

A.   Das Lernen im Veränderungsprozess
Friedrich Glasl (in Glasl/Kalcher/Piber 2014: 127) spricht bei den sieben Basisprozessen der Organisationsentwicklung von „Lernprozessen im engeren Sinn", die von den Zukunftsentwürfen abhängen und vorausschauend zu planen sind: „Hier hilft es, für die künftige Situation Szenarios zu erstellen: Wer muss an welcher Stelle was können? Wie kann im Voraus Wissen vermittelt und Können trainiert werden? Wer braucht in der Überganszeit fachliche Unterstützung? Auch durch Pilotprojekte kann Angst genommen werden. Mit Erfahrungslernen werden neue Kompetenzen erprobt. Aus den gewonnenen Erkenntnissen werden maßgeschneiderte Schulungs- und Einführungsprogramme erstellt, damit Menschen in neuen Strukturen und Abläufen entsprechend den künftigen Anforderungen gut arbeiten können. Bei allem geht es

gleichzeitig auch um das Verlernen alter Handlungsmuster und Gewohnheiten."

Handlungs-muster

B.   Die Standards für die Ausbildung von Mediatoren
Die Mediationsgesetze in Österreich (2003) und Deutschland (2012) haben die allgemeinen Anforderungen an Mediatoren formuliert. So heißt es in § 5 des deutschen Mediationsgesetzes:

Mediations-gesetze

„Eine geeignete Ausbildung soll insbesondere vermitteln:
1.   Kenntnisse über Grundlagen der Mediation sowie deren Ablauf und Rahmenbedingungen,
2.   Verhandlungs- und Kommunikationstechniken,
3.   Konfliktkompetenz,
4.   Kenntnisse über das Recht der Mediation sowie über die Rolle des Rechts in der Mediation sowie
5.   praktische Übungen, Rollenspiele und Supervision."

Für die Ausbildung von Mediatoren haben die verschiedenen Mediationsverbände Standards entwickelt. In den Standards des Bundesverbandes für Mediation in Wirtschaft und Arbeitswelt (BMWA) in Deutschland heißt es:

„2.1 Ziele der Ausbildung
Folgende Lernziele stehen im Mittelpunkt der Ausbildung:
–   die Entwicklung der Fähigkeit, Konflikte zu erkennen, zu analysieren und deren Klärung sinnvoll zu strukturieren;
–   die Schaffung des eigenen Selbstverständnisses als Mediator/in;
–   die Umsetzung der Prinzipien der Mediation;
–   die situativ angemessene Anwendung der Methoden der Mediation."

Ausgehend von diesen Grundlagen hat der Autor das MEDIUS-Konzept, vor allem die 12 Techniken der innerbetrieblichen Konfliktbearbeitung, entwickelt und ein didaktisches Konzept für deren Umsetzung erarbeitet.

C.   Die konkrete Anwendung im Unternehmen
Qualifizierung im Unternehmen ist Qualifizierung für das Unternehmen. Die allgemeinen Inhalte werden so vermittelt, dass sie direkt in die betriebliche Realität übertragen werden können. Dies gilt für die Vermittlung der Inhalte und insbesondere für die praktischen Übungen. Entscheidend für die Form der Vermittlung sind die Organisationskultur und der bisherige Kenntnisstand der Teilnehmenden. Eine Ausbildung in einem produzierenden Metallbetrieb muss anders angelegt werden als in einer Verwaltung. Für alle gilt die Regel, dass die Fälle zum Üben der mediativen Techniken aus dem betrieblichen Alltag stammen. Der Systemdesigner kann dafür typische Konfliktfälle, die in

Schritt 4 und 5 genannt werden, als Grundlage für Übungen und Rollenspiele nutzen. So wird der Transfer in die Praxis schon in die Ausbildung eingebaut. Mit eher allgemeinen, nicht auf die betriebliche Realität bezogenen Fällen erlernen die Teilnehmenden Haltung und Techniken der Mediation und vertiefen ihre Kenntnis an realen Fällen aus dem Unternehmen.

Die ersten beiden Module der Konfliktlotsenausbildung können in vergleichbarer Weise in verschiedenen Feldern geschult werden.

Die Ausbildung in einer Firma, die Präzisionsteile für die Automobilindustrie produzierte, orientierte sich ab dem 3. Modul stark am Alltag der dort arbeitenden Personen, der durch 3-Schicht-System, Reduzierung von Ausschuss, Erhöhung der Produktionszahlen usw. geprägt ist.

Rollenspiele, Trainings

Rollenspiele zur Konfliktbearbeitung stammten aus dem Feld. Ebenso wurden die dortigen Bedingungen berücksichtigt – die Mitarbeitenden arbeiteten in einer großen und lauten Produktionshalle, es gab nur wenige ruhige Räume, und die Möglichkeiten der Abwesenheit vom Band waren begrenzt.

In einer Einrichtung für Menschen mit Behinderung wurden ab dem 3. Modul Themen wie z. B. Umgang mit KlientInnen und BetreuerInnen als Grundlage für Rollenspiele genutzt.

Die Überlegungen aus den 3 genannten Bereichen (Lernen, Standards, Anwendungsorientierung) bilden inhaltlich und didaktisch das Grundgerüst der Angebote zur Ausbildung und Qualifikation in Mediation und Konfliktmanagement in Organisationen.

Aus den bisherigen Erfahrungen sind 5 Formate entstanden:
–   zur Ausbildung interner MediatorInnen,
–   zur Ausbildung von Konfliktlotsen,

Konfliktlotsen, Konflikt- anlaufstellen

–   zur Qualifizierung von VertreterInnen klassischer Konfliktanlauf- stellen,
–   zur Ausbildung von Führungskräften,
–   zur Qualifizierung von Fach- und Führungskräften in sicherheits- relevanten Organisationseinheiten.

(1)   Die Ausbildung interner MediatorInnen

Eine Säule im beschlossenen Systemdesign ist der Einsatz interner MediatorInnen in Organisationen. Nach der Ausbildung werden die internen MediatorInnen in einem Mediatoren-Pool zusammengefasst und von einer Koordinierungsstelle, die bei Abteilung XY angesiedelt ist, betreut. Ihre Aufgabe ist die Vermittlung in Konflikten am Arbeitsplatz. Die Ausbildung umfasst 120 Stunden in 5–6 Modulen à 2–3 Tage plus 3 Tage Praxisbegleitung und Supervision.

Die Inhalte ergeben sich aus 10 Bausteinen mit 25 Einheiten.

(2) Die Ausbildung von Konfliktlotsen oder Mediativen BeraterInnen

Die Ausbildung umfasst 70 Stunden in 4 x 2 Tagen plus Praxisbegleitung und Supervision.

Die besonderen Schwerpunkte der Ausbildung von Konfliktlotsen sind in der folgenden Übersicht stichwortartig angeführt:

Modul 1 Konfliktregelung in Organisationen	Modul 2 Konfliktberatung als Einzelberatung	Modul 3 Klärungsgespräch als Vermittlung	Modul 4 Vertiefung und Implementierung
Einstieg 1. Ankommen, Vorstellung 2. KMS in der Firma XY	*Einstieg* 1. Gespräch über Transferaufgaben 2. Wiederholung und Überblick	*Einstieg* 1. Gespräch über Transferaufgaben 2. Wiederholung und Überblick	*Einstieg* 1. Gespräch über Transferaufgaben 2. Wiederholung und Überblick
Baustein I **Konflikte in Organisationen** 1. Verhalten in Konflikten 2. Konflikt-Triade 3. Konfliktkosten	*Baustein IV* **Rolle und Haltung** 1. Prozessberatung 2. Fragende Haltung 3. Allparteilichkeit und Lösungsoffenheit	*Baustein VII* **Gestaltung des Settings** 1. De-jure-Auftrag, De-facto-Auftrag 2. Einzelgespräche 3. Gestaltung des Settings	*Baustein IX* **Vertiefung** 1. Konfliktberatung 2. Klärungsgespräch 3. Reflexion des eigenen Lernweges
Baustein II **Analyse von Konflikten** 1. Wahrnehmung von Konflikten 2. Darstellung von Konflikten 3. Eskalation von Konflikten	*Baustein V* **Lösungsorientierte Beratung** 1. Kommunikation 2. 9-Felder-Modell 3. Fragetechniken	*Baustein VIII* **Klärungsgespräch** 1. Überblick 2. Einstieg 3. Erstellung der Agenda 4. Konflikterhellung 5. Lösungsvarianten 6. Vereinbarung 7. Gesamtprozess	*Baustein X* **Konfliktmanagementsysteme** 1. Rolle der Konfliktlotsen 2. Ablaufstruktur 3. Begleitung der Konfliktlotsen
Baustein III **Einführung in die Mediation** 1. Formen der Konfliktbearbeitung 2. Phasen der Mediation 3. Formen mediativer Beratung	*Baustein VI* **Konfliktberatung** 1. Konfliktberatung 2. Begleitung bei der Konfliktregelung 3. Modellfunktion des Konfliktlotsen		*Baustein XI* **Feedbackstrukturen** 1. Feedback in der Gruppe 2. Feedbackstrukturen
Abschluss **Transfer in den Arbeitsalltag**	*Abschluss* **Transfer in den Arbeitsalltag**	*Abschluss* **Transfer in den Arbeitsalltag**	*Abschluss* **Präsentation vor Leitung und Abschluss**

Abb. 6-15: Ausbildung fürKonfliktlotsen.

Konflikt-
eskalation

Konfliktlotsen lernen, Konflikte zu erkennen, einzuordnen und nach Glasls Eskalationsskala einzuschätzen.

Konfliktlotsen werden in den Interventionstechniken Konfliktberatung, Konfliktcoaching, Führen von Klärungsgesprächen auf der Grundlage der Mediation geschult.

Handbuch

Konfliktlotsen lernen, ihre Handlungsmöglichkeiten am Arbeitsplatz, im Team, gegenüber ihren Vorgesetzten realistisch einzuschätzen und kennen die Struktur und Abläufe des KMS entsprechend dem „Handbuch Konfliktmanagement".

(3)   Die Qualifizierung von VertreterInnen der klassischen Konflikt-anlaufstellen

(Personalmanagement, Rechtsabteilung, Betriebsrat u.a.)

Es werden neue Konfliktanlaufstellen und neue Herangehensweisen aufgebaut und Schritt für Schritt mit dem bestehenden System der Konfliktregelung verbunden. Das Mediationssystem wird in den Schritten 9, 10, 11 aufgebaut, in den Abläufen strukturiert und erprobt. Nach dem Beschluss zur Implementierung wird es in Schritt 13 mit der bestehenden Struktur verbunden. In diesem Prozess des Aufbaus der neuen Strukturen sollten auch die VertreterInnen der bestehenden Konflikt-anlaufstellen von vornherein einbezogen werden.

Dafür gibt es mehrere Gründe:

–   Die VertreterInnen der bestehenden KAS sollen die neuen Techniken der Gesprächsführung und der Mediation kennenlernen.

–   Sie können dann selbst entscheiden, welche Elemente schon jetzt in ihre regulären Abläufe eingebracht werden können.

–   Es wird vermieden, dass eine abwertende Debatte, was schlechter oder besser ist, die Integration neuer Ansätze behindert.

Je nach Zielsetzung und Aufgabenstellung sind mehrere Settings möglich:

Workshops zur Information: Dafür werden 2-tägige Workshops zur Einführung in das Thema Konfliktanalyse, Mediation, Techniken der Arbeitsplatzkonfliktmoderation und zur Information über den Stand des Aufbaus der neuen Elemente angeboten.

Workshops zur Reflexion der bestehenden Verfahren: Dazu werden Workshops von 2 Modulen à 2 Tagen angeboten. Neben der Einführung in Mediation werden die Ergebnisse aus Schritt 4 und 5 diskutiert und daran gearbeitet, an welchen Punkten des bestehenden Prozesses neue Gesprächstechniken oder neue Regeln im Verfahren eingebaut werden könnten.

In der Zeit zwischen den Workshops können einige Dinge erprobt und anschließend reflektiert werden.

Gemeinsame Workshops der Funktionen Personalmanagement, Rechtsabteilung und Betriebsrat: In der Pilotgruppe haben einige VertreterInnen der klassischen KAS schon gut zusammengearbeitet und den Entwurf des Systemdesigns erarbeitet. In den 2 x 2-tägigen Workshops wird diese Kooperation auf weitere VertreterInnen dieser Institutionen ausgeweitet. Neben der Einführung in Konfliktanalyse und Mediation ist auch in diesen Workshops das Ziel, ausgehend von den bisher eingegangenen Rückmeldungen, den gesamten Prozess des bestehenden Konfliktmanagements zu reflektieren und Veränderungen zu erarbeiten.

Personal-management, Rechtsabteilung, Betriebsrat

Ein gemeinsamer Workshop stellt besondere Anforderungen an die Systemdesigner. Denn neben den sachlichen Themen ist es meist notwendig, die bestehenden Verhärtungen in der Kommunikation der verschiedenen Gruppen aufzuweichen und ein besseres Verständnis der anderen Positionen zu erreichen.

(4) Die Qualifizierung von Führungskräften

Führungskräfte sind eine der wesentlichen KAS im Betrieb und die Art und Weise, wie sie mit Konflikten umgehen, hat entscheidenden Einfluss auf das Arbeitsklima. Für Führungskräfte werden 2 x 2-tägige Trainings zum Thema „Führen mit Mediationskompetenz" angeboten. Die zehn Bausteine sind:

Führen mit Mediations-kompetenz

– Analyse von Konflikten
– Einführung in Mediation
– Gesprächstechniken in der Mediation
– Verhandeln nach dem Harvard-Konzept
Harvard-Konzept
– Beratung und Vermittlung im Führungshandeln
– Führen heute: Sensibilität für Abläufe und Beziehungen
– Führen mit Leitplanken
– Feedback-Kultur
– Aufbau von KMS
– Integration mediativer Techniken in den Führungsalltag

(5) Trainings zu Human Factors

In sicherheitsrelevanten Bereichen der Industrie (sog. HRO – High Reliability Organisations) z. B. in der chemischen oder pharmazeutischen Industrie, aber auch bei Operationsteams in Krankenhäusern oder Feuerwehren, haben sich Qualifizierungen zu Kommunikations- und Verhandlungstechniken unter dem Stichwort „Human Factors" etabliert. Dies geht auf Untersuchungen in der Luftfahrt zurück, die bei Analysen von Flugzeugabstürzen feststellten, dass 70–80 Prozent der Ursachen „Human Factors" waren, also auf Missverständnissen, mangelnder Kommunikation, Konflikten usw. beruhten. Diese „Conflict

High Reliability Organisations

Human Factors

Ressource Management Trainings" für Führungskräfte in diesen Bereichen haben zum Ziel, im Umgang mit gefährlichen Stoffen und komplexen Prozessen die Sensibilität für Abläufe und Beziehungen zu erhöhen und damit die Sicherheitskultur zu festigen.

6.5.1 Auswählen der internen MediatorInnen und Konfliktlotsen

Auswahl-
verfahren

Eine der ersten Aufgaben der Projektleitung und der Steuerungsgruppe ist die Auswahl der internen MediatorInnen und Konfliktlotsen. Dazu gibt es in dem Beschluss zum Systemdesign erste Festlegungen über die Zahl und die Arbeitsbereiche. Für die Rekrutierung und Auswahl wählen die Unternehmen ja nach ihrer Kultur und Erfahrung in anderen Projekten unterschiedliche Formen. So initiierten die Stadtwerke einer mittleren Großstadt ein förmliches Bewerbungsverfahren mit Bewerbungsunterlagen, Fristen und Auswahlkommission. In einem Unternehmen der Metallindustrie warben das Personalwesen, der Betriebsrat und Führungskräfte gezielt Mitarbeiterinnen und Mitarbeiter an, um sie als Konfliktlotsen zu gewinnen. In anderen Fällen hat sich eine Mischung aus beiden Herangehensweisen bewährt. Interessierte MitarbeiterInnen können sich melden, und die Fach- und Führungskräfte sprechen einzelne Personen an. Auf jeden Fall sollte die Freiwilligkeit bei der Übernahme von Verantwortung für die Konfliktlotsen und internen Mediatoren gesichert sein. Es empfiehlt sich daher, erst am Ende der Ausbildung festzulegen, wer in welchem Bereich als Konfliktlotse tatsächlich tätig wird.

Personalwesen,
Betriebsrat

In einer Werkstatt für Menschen mit Behinderung gab es eine offizielle Stellenausschreibung, auf die man sich formal bewerben musste, um Konfliktlotse zu werden. Daraufhin meldeten sich nur wenige Personen. Die Hürde war anscheinend zu hoch, so dass die Führungskräfte in einem zweiten Anlauf gezielt Personen ansprachen.

In einer Verwaltung eines Sozialhilfeträgers gab es einen offenen Aufruf, sich bei Interesse an die Geschäftsführung zu wenden, und es meldeten sich doppelt so viele Personen, wie Plätze vorgesehen waren. Durch Einzelgespräche sprangen einige Personen wieder ab, und die Zahl der Plätze wurde erhöht. Die Führung hatte im Vorfeld eher Sorge gehabt, dass es nicht ausreichend Teilnehmende geben könnte.

Projektleitung

Die Ausbildung und die Workshops werden von der Systemdesignerin in ihrer Rolle als Lehrtrainerin geleitet. Wenn möglich, sollte die Projektleitung an den Seminaren teilnehmen oder zumindest jeweils zu Beginn und zum Ende der Module anwesend sein. Zum Abschluss erhalten die Konfliktlotsen ein Zertifikat. Es ist eine besondere Wertschätzung ihrer Arbeit, wenn diese Zertifikate von der Geschäftsführerin oder vom Vorstand übergeben werden und die Ausbildung mit einer kleinen Feier einen würdigen Abschluss findet.

6.6 Schritt 10: Handbuch Konfliktmanagement

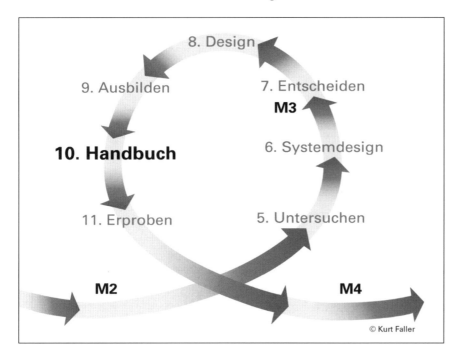

Während die Ausbildung der internen MediatorInnen und der Konflikt-lotsen geplant und durchgeführt wird, erarbeitet die Projektleitung mit Unterstützung des Systemdesigners das „Handbuch Konfliktmanage-ment". Darin werden die neuen Elemente des KMS im Zusammenhang dargestellt und somit für die innerbetriebliche Konfliktbearbeitung transparent gemacht.

Handbücher gibt es im Unternehmen zu verschiedenen Prozessen. Handbücher schaffen für alle Beteiligten eine gemeinsame Arbeits-grundlage, reduzieren den Aufwand für die Abstimmung und reduzie-ren falsche Interpretationen. Diese allgemeine Funktion eines Hand-buchs gilt auch für das „Handbuch Konfliktmanagement". Es schafft eine gemeinsame Grundlage für das Konfliktmanagementsystem, beschreibt die neuen Elemente und ist ein Leitfaden für alle im Betrieb, die mit der Regelung von Konflikten befasst sind.

Handbuch

Das Handbuch Konfliktmanagement umfasst wenigstens folgende Schwerpunkte:

1. Vorworte

- Geschäftsführung
- Betriebsrat

2. Regelungen zur Konfliktkultur

- Betriebsverfassungsgesetz, Mediationsgesetz
- Unternehmenskultur
- Betriebsvereinbarung

3. Konfliktmanagement in der Fa. XY

- Strukturelemente
- Aufgaben
- Verfahren der Konfliktbearbeitung

4. Inhaltliche Grundlagen

- Konfliktanalyse
- Techniken der Konfliktbearbeitung

5. Hinweise

- Ansprechpartner
- Hinweise zum Weiterlesen

Abb. 6-16: Schwerpunkte des Handbuchs Konfliktmanagement.

Im Konkreten haben sich die folgenden Inhalte bewährt.

1.   Vorworte

Die Stellungnahmen von Geschäftsführung und Betriebsrat schaffen eine wichtige Grundlage für die Akzeptanz der neuen Elemente der Konfliktregelung im Unternehmen. Sie erläutern die Motive zur Weiterentwicklung, betonen die Bedeutung der interessensorientierten Verfahren und fordern die MitarbeiterInnen auf, die neuen Verfahren zu nutzen und sich aktiv an der Weiterentwicklung zu beteiligen.

Mag. Martin Haidvogl schreibt dazu im Vorwort des Konflikthandbuchs der Stadt Graz:

„Schon jetzt kann die Prognose gestellt werden, dass alle Beteiligten davon profitieren werden: die Bediensteten, weil es sich in einem angenehmen konfliktfreien Arbeitsumfeld einfach leichter arbeiten lässt, und der Dienstgeber, weil motivierte und einsatzbereite MitarbeiterInnen einfach bessere Leistungen erbringen."

2. Regelungen zur Konfliktkultur

Im Kapitel 2 werden die Regelungen zur Konfliktkultur dargestellt, die den Rahmen für den konkreten Umgang mit Konflikten im Unternehmen abbilden. Das sind:

– Auszüge aus den gesetzlichen Vorgaben wie dem Betriebsverfassungsgesetz und dem Mediationsgesetz;

– der Bezug auf die dokumentierten Aussagen zur Unternehmenskultur wie Leitbild und /oder Führungsleitlinien;

– die Absichtserklärung und erste Überlegungen zu einer Betriebsvereinbarung.

Konfliktkultur

Leitbild, Führungsleitlinien

Wenn der Betriebsrat sich von vorneherein aktiv an der Entwicklung des KMS beteiligt, beginnen in der Regel schon nach der Entscheidung über das Systemdesign die Verhandlungen zwischen Geschäftsführung und Betriebsrat zum Abschluss einer Betriebsvereinbarung. Die unterzeichnete Betriebsvereinbarung ist natürlich das zentrale Dokument für das Handbuch.

Betriebsvereinbarung

3. Darstellung des konkreten Konfliktmanagements in der Organisation

In Kapitel 3 werden die Strukturen und die Abläufe der Konfliktregelung detailliert dargestellt und möglichst in Übersichten, Bildern und Verlaufsdarstellungen praktisch beschrieben – wenn möglich mit Fotos und internen Telefonnummern von MediatorInnen und Konfliktlotsen.

4. Inhaltliche Grundlagen

Da die neuen Strukturen und Verfahren aus den Grundgedanken der Mediation heraus entwickelt wurden, macht es Sinn, diese inhaltlichen Grundlagen kurz und knapp darzustellen. Die für MitarbeiterInnen, VertreterInnen der bestehenden und der neuen Konfliktanlaufstellen und Führungskräfte interessanten Punkte sind:

– Überblick zu Mediation und interessensorientiertem Konfliktmanagement

– Informationen zur Konfliktanalyse

– Darstellung der Techniken der Konfliktbearbeitung

5. Praktische Hinweise

Das abschließende Kapitel enthält praktische Hinweise, Adressen von Ansprechpartnern und Hinweise zum Weiterlesen.

6.7   Schritt 11: Erproben

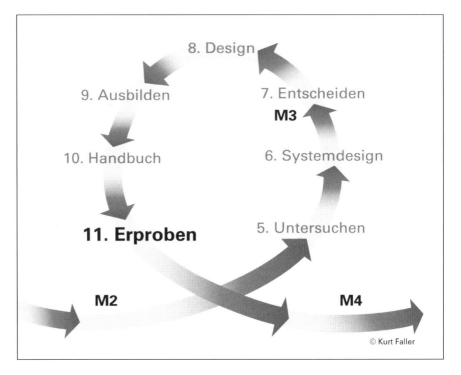

Im letzten Schritt der Entwicklungsschleife geht das Mediationssystem an den Start. Die neuen Angebote im Umgang mit Konflikten werden in einer Erprobungsphase angewendet, evaluiert und für die Implementierung überarbeitet.

Diese Erprobungsphase muss von der Projektleitung gut vorbereitet und klug gestaltet werden. Es wäre eine Aufforderung zum fröhlichen Scheitern, wenn nicht mehr unternommen würde, als die Konfliktlotsen und internen MediatorInnen aufzufordern, jetzt tätig zu werden.

Projektleitung, Steuerungs-gruppe

Damit die Angebote von der Organisation angenommen werden können, muss die Organisation informiert und interessiert sein. Die Projektleitung und die Steuerungsgruppe können die Diskussionen der Beteiligungsorientierten Diagnose im Schritt 4 als Grundlage für die Planungen nehmen. In diesen Workshops haben viele MitarbeiterInnen über den Umgang mit Konflikten im Unternehmen nachgedacht und diskutiert. Wenn es gelingt, an den dort geäußerten Erwartungen anzuknüpfen, ist eine erste Hürde überwunden.

Es sind 3 Ziele, die mit der Erprobungsphase erreicht werden sollen:

1.   *Erproben:* Die neu entwickelten Strukturen und Abläufe werden erprobt, evaluiert und überarbeitet.

2.   *Analysieren*: Gemeinsam mit VertreterInnen der klassischen Konfliktanlaufstellen wird analysiert, bei welchen Themen und in welchen Abteilungen oder Prozessen die internen Angebote besonders wirksam eingesetzt werden können.

3.   *Erfahrungen sammeln:* Die internen MediatorInnen und Konfliktlotsen sammeln praktische Erfahrungen und gewinnen Sicherheit. Zu diesem Zweck ist ein Plan für die Erprobungsphase zu entwickeln. Der Zeitrahmen wurde im Design schon festgelegt. Da sich im Aufbau der Strukturen und in der Ausbildung manchmal Verzögerungen ergeben, sollte dies in der konkreten Planung noch einmal überprüft werden. Der genaue Zeitrahmen für die Erprobung hängt mit der Zeitplanung des Gesamtprojektes und den Bedingungen im Unternehmen zusammen und muss im Einzelfall festgelegt werden. Bisher wurden die besten Ergebnisse bei einer Erprobungszeit von etwa 1 Jahr erzielt. Es hat sich gezeigt, dass die internen MediatorInnen/Konfliktlotsen und die Organisation Zeit brauchen, sich an neue Verfahren zu gewöhnen. Letztlich geht es auch um die Ablösung von alten Mustern und Praktiken im Umgang mit Konflikten in den Abteilungen und Gruppen.

Konflikt-anlaufstellen

Erprobungs-phase

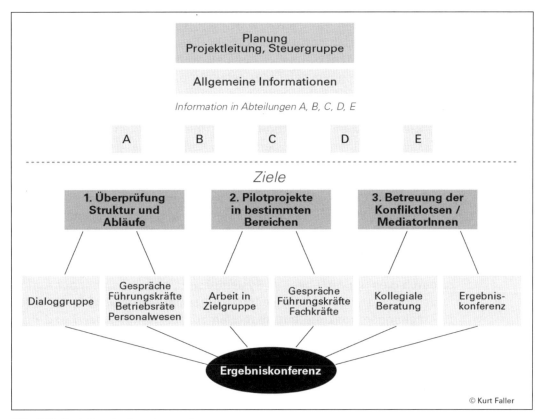

Abb. 6-18: Gestalten der Erprobungsphase.

Die inhaltliche Planung orientiert sich an den obengenannten Zielen:

(1)   Die Überprüfung der Strukturen und Abläufe

„Aller Anfang ist schwer" – diese allgemeine Erkenntnis gilt ganz besonders in Problem- und Konfliktsituationen. Es ist schwer, sich auf neue und unbekannte Dinge einzulassen, wenn man in Schwierigkeiten steckt. Selbst dann, wenn man mit den bestehenden Möglichkeiten völlig unzufrieden ist.

Führen mit
Mediations-
kompetenz

Im Rahmen der Entwicklung eines KMS wurden in einer Werkstatt Konfliktlotsen ausgebildet und ein Training „Führen mit Mediationskompetenz" mit den Führungskräften durchgeführt. Nach der Ausbildung der Konfliktlotsen wurde ein Handbuch verfasst, das vor der Kick-off-Veranstaltung den Führungskräften vorgestellt wurde. Der Punkt „Vertraulichkeit der Beratungsinhalte" löste bei den Führungskräften Unruhe und Widerstand aus; sie bestanden darauf, über die Inhalte der Beratungsgespräche informiert zu werden.

Kick-off-
Veranstaltung

Die Geschäftsführung und die Projektleitung waren von den heftigen Reaktionen völlig überrascht, da diese Informationen den Führungskräften schon im Training vermittelt worden waren. Die geplante Kick-off-Veranstaltung musste aufgrund des massiven Widerstandes verschoben werden, stattdessen wurde ein Treffen der Führungskräfte mit der Systemdesignerin verabredet. In diesem Treffen wurde deutlich, dass die Führungskräfte ihre Rolle als zentrale Konfliktanlaufstelle für ihre Mitarbeitenden gefährdet sahen und Fantasien entwickelten, es würden wichtige Entscheidungen an ihnen vorbei getroffen. Da ihre Sorgen gehört und ernst genommen wurden, konnten die Führungskräfte annehmen, dass Konfliktlotsen bei Konflikten auf den unteren

Eskalations-
stufen

Eskalationsstufen und bei personalen Konflikten tätig werden und dass es eine Entlastung für sie bedeutet, wenn die alltäglichen personalen Konflikte an anderer Stelle geklärt werden.

Steuerungs-
gruppe,
Projektleitung

Deshalb ist es die zentrale Aufgabe der Steuerungsgruppe und der Projektleitung, die Rahmenbedingungen für Mitarbeitende und Konfliktlotsen zu schaffen, dass die neuen Konfliktanlaufstellen genutzt werden können. Dazu ist es wichtig, dass die neuen Aufgaben im Unternehmen bekannt und gewollt sind. Sinnvoll ist eine allgemeine Information durch die Führung über das Systemdesign, verbunden mit der Aufforderung, die neuen Möglichkeiten zu nutzen. Gleichzeitig sollte es in den Abteilungen konkrete Informationen zu den Konfliktlotsen und ihrer Arbeit geben. Je klarer die Führungskräfte das Projekt unterstützen, um so leichter fällt der Einstieg. In dieser Zeit sind die Projektleitung und die Steuerungsgruppe gefordert, mit Führungskräften zu sprechen und die abteilungs- oder standortbezogenen Informationen voranzutreiben.

Pilotprojekte

(2)   Die Akzeptanz der neuen Angebote kann durch Pilotprojekte in bestimmten Bereichen gefördert werden. So war z. B. in einem metall-

verarbeitenden Betrieb in der vertiefenden Analyse in Schritt 5 der Bereich der Lehrlingsausbildung als ein Konfliktfeld benannt worden. Es gab häufig Probleme zwischen den Lehrlingen und mit den Ausbildern. Mehrere Jugendliche hatten die Lehre abgebrochen. Für diesen Bereich wurde in Kooperation mit Ausbildern und Meistern ein Pilotprojekt gestartet. Drei Konfliktlosen waren ständige Ansprechpartner für die Lehrlinge, Ausbilder und Meister bei Problemen. Dies führte zu einer erheblichen Entspannung in diesem Bereich und stärkte das Ansehen und die Akzeptanz der Konfliktlotsen.

(3) Die Betreuung der Konfliktlotsen

In der Erprobungsphase brauchen die gerade ausgebildeten MediatorInnen und Konfliktlotsen ein System der Begleitung und Unterstützung. Neben der ständigen Begleitung durch die Projektleitung sollten für diese Zeit in bestimmten Abständen Supervisionstermine mit dem Systemdesigner festgelegt werden.

Supervision

Besonders effektiv ist die Einrichtung von Gruppen zur kollegialen Beratung. 5 bis 7 Konfliktlosen bilden eine feste Gruppe und treffen sich regelmäßig zur Besprechung von Fällen oder Anlaufschwierigkeiten.

Für die laufende Betreuung der Konfliktlotsen empfiehlt sich *Kollegiale Fallberatung.* Dies ist eine Methode, die strukturierte Lösungsfindung und gemeinsames Lernen in der Gruppe ermöglicht. Mit wenig Zeitaufwand können Ergebnisse erzielt und die Professionalität der Einzelnen sowie der Gruppe gesteigert werden. Die Methode fördert die gegenseitige Unterstützung auf kollegialer Ebene. Gleichzeitig stärkt sie die Eigenverantwortung der Einzelnen und der Gruppe. Jede Person kann ein Thema vorstellen. Alle bringen in einer klaren Rollenteilung und Ablaufstruktur ihre Beiträge zur Klärung und Lösung des Problems ein. Die Entscheidung über Ziel, Umfang und Ergebnis liegt aber allein beim „Fallgeber". Im Vordergrund der Arbeit stehen Ergebnisorientierung und gemeinsame Lösungsfindung. Grundlage sind lösungsorientierte Gesprächsführung und moderne Verhandlungstechniken. Ziel ist es, in der Gruppe neue Sichtweisen für die Lösung eines Problems und neue Handlungsperspektiven zu gewinnen.

Kollegiale Fachberatung

Üblicherweise werden in der Kollegialen Fallberatung 5 Rollen übernommen:

1. *ModeratorIn:* Die Moderatorin leitet die Gespräche und sichert den geordneten Ablauf der Sitzung. Sie sorgt für die Einhaltung der Gesprächsregeln und unterstützt die Einzelnen, in ihrer Rolle zu bleiben. Inhaltlich hält sie sich weitgehend zurück.

ModeratorIn

2. *BeraterIn:* BeraterInnen bieten eine respektvolle, ideenreiche Unterstützung des Fallgebers und die Erarbeitung von Varianten zur

Lösungsfindung. Sie meiden Bewertungen, vorschnelle Einordnung und (gut gemeinte) Ratschläge. Sie zeigen Zusammenhänge auf und ermöglichen so dem Fallgeber eine neue Sicht auf sein Problem.

Projektleitung, Steuerungs-gruppe

3.   *FallgeberIn:* Die Fallgeberin stellt ihr Thema möglichst anschaulich dar. Sie hört aufmerksam zu und reflektiert neue Sichtweisen und andere Perspektiven. Sie bestimmt das Ziel und entscheidet über Ergebnis und Handlungsperspektive.

4.   *ProtokollantInnen* fassen die Ergebnisse zusammen, machen sich Notizen zum Prozess und unterstützen so die Moderatorin. Sie halten sich inhaltlich zurück.

Die Einhaltung folgender Gesprächsregeln ist für den Prozess der Kollegialen Fallberatung hilfreich:

– Zuhören und den Anderen ausreden lassen.
– Fragen stellen statt vorschlagen oder belehren.
– Sich in die Situation des Anderen versetzen und diese nicht mit eigenen Erfahrungen und Erlebnissen verwechseln. Jeder Fall ist individuell, und jeder Fallgeber hat seine eigenen Schwerpunkte, auch wenn es Parallelen zwischen den Fällen gibt.
– Ich-Aussagen verwenden: Ich meine, dass … aus meiner Sicht …, mir kommt es so vor, dass …
– Nach Lösungen suchen, die für den Fallgeber passend sind.

Die Kollegiale Fallberatung hat einen einfachen und klar definierten Ablauf. Wichtig ist dabei vor allem die Trennung von Analyse und Lösungsfindung. Die klare Struktur schafft die Voraussetzung, um offen und vertrauensvoll nach Lösungen für das jeweilige Problem suchen zu können.

In Schritt 1 werden die Rollen und das Thema bestimmt.

In Schritt 2 benennt die Fallgeberin anschaulich ihr Thema.

In Schritt 3 fragen die Berater nach, damit sie das Thema verstehen und einordnen können. Sie entwickeln Hypothesen, bewerten aber nicht.

In Schritt 4 benennt die Fallgeberin, was sie für sich klären will und welches Ergebnis erreicht werden soll.

In Schritt 5 werden unterschiedliche Ideen zur Lösung entwickelt und ihre Vor- und Nachteile abgewogen.

In Schritt 6 entscheidet sich die Fallgeberin für eine Variante und bespricht mit den Beratern die Möglichkeiten der Umsetzung.

In Schritt 7 reflektiert die Gruppe in einer Abschlussrunde den Ablauf der Sitzung und legt – wenn möglich – die Themen der nächsten Sitzung fest.

Projektleitung, Steuerungs-gruppe

In der Erprobungsphase sind die Projektleitung und die Steuerungsgruppe in besonderem Maße gefordert. Sie müssen ständig aktiv sein, erklären, überzeugen, bei auftretenden Schwierigkeiten vermitteln. Wichtig ist auch der kontinuierliche Kontakt mit der Führung. In der Dialoggruppe sollte das Managementteam regelmäßig über den Stand der Entwicklung unterrichtet werden.

Zum Ende der Erprobungsphase wird eine Ergebniskonferenz durchgeführt, an der interne MediatorInnen, VertreterInnen von Personalmanagement, Rechtsabteilung, Betriebsrat und einige involvierte Führungskräfte teilnehmen. In der Konferenz werden die unterschiedlichen Erfahrungen und Projekte dargestellt, reflektiert und die Struktur und das Verfahren den neuen Erkenntnissen angepasst. Wichtig sind vor allem die Überlegungen, wie die neuen Elemente mit den bestehenden Verfahren der Konfliktregelung verknüpft werden können. Die entsprechenden Veränderungen werden in das Handbuch übernommen.

6.7.1 Meilenstein 4: Der Beschluss zur Implementierung des KMS in der Organisation

Im *Meilenstein 4* nach der Entwicklung und Erprobung der neuen Elemente eines erweiterten KMS fällt der Beschluss zur Implementierung im Unternehmen. In der Erprobungsphase haben interne MediatorInnen und Konfliktlotsen Sicherheit in den Konfliktgesprächen und Bearbeitungen gewonnen, viele Mitarbeitende haben die neuen Angebote kennengelernt und Führungskräfte und VertreterInnen der klassischen Konfliktanlaufstellen haben die zusätzlichen Leistungen schätzen gelernt. „Auf dem Boden erster sichtbarer Erfolge können so Vertrauen und eine Aufbruchsstimmung wachsen, in der experimentiert, erprobt und auch schon realisiert und implementiert werden kann" (G. Leinweber in Glasl/Kalcher/Piber 2014: 353). Projektleitung und Steuerungsgruppe bereiten mit Unterstützung des Systemdesigners den Beschluss für die Leitungsebene vor.

Meilenstein

In der Entscheidung werden Festlegungen getroffen:

- zu den entwickelten und erprobten Strukturen und Verfahren, die im Handbuch dokumentiert sind;
- zur internen Kommunikation über das KMS:
- zur Zusammenführung der neuen Elemente mit den bestehenden Strukturen der Konfliktregelung;
- zur weiteren Qualifizierung von Führungskräften und VertreterInnen der klassischen Konfliktanlaufstellen;
- zur Besetzung und Anbindung der Koordinierungsstelle;
- zu den notwendigen Ressourcen.

7. Die Integrationsschleife

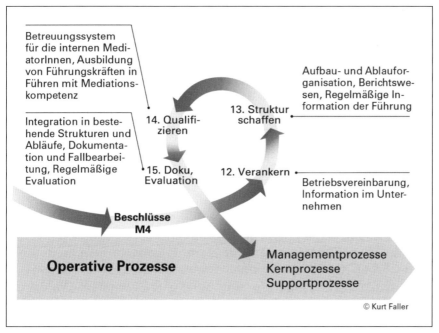

Abb. 7-1: Die Integrationsschleife im Detail.

„Die Mühen der Berge sind hinter uns, jetzt kommen die Mühen der Ebene", könnte man mit Bertolt Brecht am Übergang zur Integrationsschleife sagen. In der Auftragsschleife wurden die Voraussetzungen geschaffen, den „Berg zu besteigen" – also etwas Neues zu entwickeln. In der Entwicklungsschleife wurden mit einer Pilotgruppe intensiv neue Formen der Konfliktregelung erarbeitet und erprobt und eine größere Zahl von aktiven und einsatzbereiten Personen als Konfliktlotsen und interne Mediatoren ausgebildet. Nach dem Beschluss der Leitung mit dem *Meilenstein 4* werden diese neuen Elemente in der ganzen Organisation eingesetzt. Dieser Beschluss markiert den Endpunkt einer wichtigen und für die Beteiligten interessanten Wegstrecke, aber noch nicht das Ende des Projekts. Denn jetzt geht es um die Akzeptanz im Alltag für die neuen Herangehensweisen, um eine allmähliche Veränderung der Umgangskultur und eine Feinabstimmung mit den bestehenden Regeln und Verfahren der Konfliktregelung.

Meilenstein

Psycho-soziale
Prozesse

Von den psycho-sozialen Prozessen her betrachtet, sind es vor allem zwei Gruppen, die in der Implementierung sorgsam mitgenommen werden müssen. Auf der einen Seite die VertreterInnen der klassischen Konfliktanlaufstellen, die bisher nicht in den Prozess eingebunden waren, und auf der anderen Seite Führungskräfte, von denen Änderungen in ihrem Führungsstil erwartet werden.

So hatten sich in einem größeren Unternehmen jüngere Fachkräfte aus der Personalabteilung für die Pilotgruppe gemeldet und an der Mediationsausbildung teilgenommen. Nach dem Beschluss zur Implementierung verlangten sie von ihren Kollegen, ihr Verhalten und die Abläufe zu ändern. Dies führte zu harten Auseinandersetzungen und einer Blockade der Arbeit der Personalabteilung. Nur eine energische Intervention der Personalchefin und eine Mediation mit einer externen Mediatorin konnten die Arbeitsfähigkeit der Abteilung wieder herstellen und den Fortgang des Prozesses sichern. Dabei wurde deutlich, dass die anderen Mitarbeitenden nicht gegen die Erweiterung des Konfliktmanagements waren, sondern dass mangelnde Informationen, die Sorge, nicht mithalten zu können, und eine unbestimmte Angst,

Widerstand

langfristig die eigene Position zu verlieren, Hintergründe des Widerstands waren. Diese Fragen konnten in der Mediation und durch die Personalchefin befriedigend geklärt werden.

Eine auf dem Gedanken der Mediation aufgebaute Erweiterung des betrieblichen Konfliktmanagements sollte mit mediativer Haltung und mediativem Herangehen um- und durchgesetzt werden. Das ist die große Herausforderung der Integrationsschleife, und dazu gehört die Bereitschaft, auch einmal innezuhalten, Umwege zu gehen und Dinge neu zu bedenken. Denn die Art und Weise der Umsetzung wird genau beobachtet und ist der Prüfstein für die Akzeptanz.

Diese Haltung in der Umsetzung ist bestimmend für die Schritte 12 bis 14, nämlich die Verankerung im Unternehmen, den Aufbau einer einheitlichen Struktur für das KMS und weiterer Angebote zur Qualifizierung.

Im Schritt 15 werden die Voraussetzungen dafür geschaffen, das KMS regelmäßig zu evaluieren und weiterzuentwickeln. Besondere Anforderungen werden in der Integrationsschleife auch an die Projektleiterin gestellt.

Das Projekt geht zu Ende, und die neuen Elemente gehen in die Regelarbeit über. Deshalb steht die Frage im Raum, welche Rolle die Projektleiterin persönlich in Zukunft übernehmen wird. Je früher diese Frage geklärt ist, um so ruhiger kann sie die Feinarbeit in der Integrationsschleife bewältigen. Auf dieser letzten Strecke ist der Systemdesigner in seiner Rolle als Berater, Coach, manchmal auch als Bremser, nach wie vor gefragt.

7.1   Schritt 12: Verankern

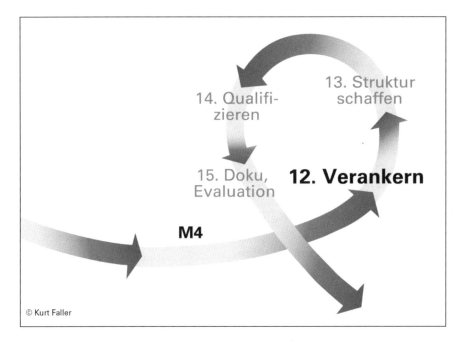

© Kurt Faller

„Verankern heißt, dem Neuen einen Rhythmus geben, es zur Routine
werden lassen und in seiner Wirkung voll entfalten lassen", formuliert
Gerhard Leinweber (in Glasl/Kalcher/Piber 2014: 369).
In Schritt 12 geht es darum, das Neue so zu verankern, dass es in Ruhe
und ohne Stress für die besonders betroffenen Personen umgesetzt
werden kann. Drei Aufgaben stehen im Vordergrund:
–   Information im ganzen Unternehmen
–   Abschluss einer Betriebsvereinbarung
–   Integration in Verlautbarungen zur Unternehmenskultur

Die Information im ganzen Unternehmen
Durch die bisherigen Arbeiten an dem Thema waren viele Personen
an der einen oder anderen Stelle in den Prozess einbezogen. Aber nur
relativ wenige waren an dem gesamten Prozess beteiligt. Die Informationen (als OE-Basisprozess Kap. 2.1) haben zwei Zielrichtungen. Einerseits, dass jeder im Unternehmen von den neuen Möglichkeiten der
Regelung von Konflikten erfährt, und anderseits, dass es dazu verbindliche Vereinbarungen gibt. Dies sollte in der Form geschehen, in der das
Unternehmen auch sonst offizielle Mitteilungen verbreitet. Besonders
wirksam ist es, wenn der Geschäftsführer oder Vorstandsvorsitzende
gemeinsam mit der Betriebsratsvorsitzenden über das neue KMS bei
einer Betriebsversammlung sprechen.

Geschäfts-
führung,
Betriebsrat

Auf der anderen Seite ein kurze, übersichtliche Form der Darstellung, damit jeder Mitarbeitende in Ruhe überlegen kann, an wen er sich im Bedarfsfall wendet. Verschiedene Firmen haben dazu Sonderausgaben der Betriebszeitungen herausgegeben. Diese Sonderausgaben enthalten eine Übersicht zu dem neuen KMS und die Fotos der internen MediatorInnen und Konfliktlotsen.

Organisationskultur

Leitbild,
Führungs-
leitsätze

In vielen Dokumenten zur Unternehmenskultur (Leitbild, Führungsleitlinien, Leitsätze usw.) gibt es Aussagen zur Führungskultur und zum Umgang miteinander. Es ist zu prüfen, ob und an welchen Stellen Ergänzungen eingeführt werden sollten. Diese Ergänzungen werden erarbeitet und zum gegebenen Zeitpunkt in die Dokumente aufgenommen und wirksam kommuniziert.

7.2   Schritt 13: Struktur schaffen

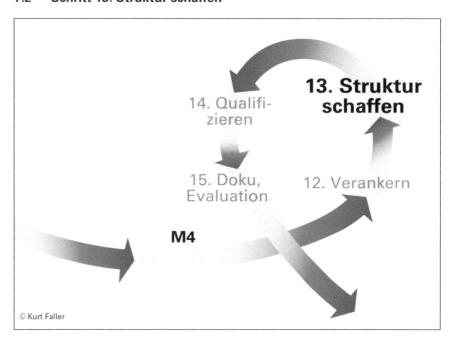

Betriebs-
vereinbarung

Nachdem das Mediationssystem beschlossen und in einer Betriebsvereinbarung verankert ist, besteht die Aufgabe in Schritt 13 darin, die neuen Elemente mit den bestehenden Regeln und Verfahren zur Konfliktregelung so zu verbinden, dass ein neues, erweitertes KMS geschaffen wird. Das klingt einfacher, als es tatsächlich ist.
In diesem Prozess des Zusammenfügens sind nämlich zwei grundsätzliche Überlegungen zu berücksichtigen. Erst einmal muss deutlich zum

Ausdruck kommen, dass die neuen Elemente des Mediationssystems entsprechend der Grundhaltung der Mediation eine dienende, unterstützende Funktion im Gesamtrahmen des Personal- und Konflikt-managements des Unternehmens haben. Es geht hier nicht in erster Linie darum, den Gedanken der Mediation im Unternehmen zu verbreiten (so sinnvoll das vielleicht wäre), sondern vielmehr darum, wie eine mediative Haltung und mediative Techniken einen Beitrag dazu leisten können, dass

- die Konfliktkosten im Unternehmen gesenkt werden;
- die Prozesse flüssiger gestaltet und die Ergebnisse verbessert werden;
- ein produktives und gesundheitsförderliches Arbeitsklima nachhaltig gefördert wird.

Konkret heißt das, dass die bestehenden Strukturen und Erfahrungen nach wie vor bestimmend sind und die neuen Elemente eingebaut werden. Die Deutlichkeit dieser Aussage ist entscheidend, will man die VertreterInnen von Personalabteilung, Rechtsabteilung und auch Betriebsrat, sofern sie bisher nicht so stark in den Entwicklungsprozess eingebunden waren, zur Mitarbeit gewinnen.

Betriebsrat

Denn auf dieser Basis können sie die andere wichtige Überlegung mittragen, nämlich dass die mediativen Elemente eine relative Unabhängigkeit haben müssen, um auf Dauer wirksam zu sein. Nur wenn Vertraulichkeit für die Gespräche und Bearbeitungsverfahren gesichert ist, machen die Angebote Sinn für Mitarbeitende und Führungskräfte. Dies gilt für die Verfahren, bei denen von der Konflikterfassung bis zur Konfliktauswertung klar geregelt werden muss, wer wann verantwortlich ist, wer wann einbezogen werden muss und welche Abschnitte vertraulich behandelt werden.

Auswertung

Es hat sich auch bewährt, die relative Unabhängigkeit des Mediationssystems dadurch zu sichern, dass es eine eigene Koordinierungsstelle für den Einsatz und die Betreuung der MediatorInnen und eine paritätisch besetzte Kommission für die Begleitung und die Klärung strittiger Fragen gibt.

Unabhängigkeit

In der Firma Wozabal in Linz wurde eine Protokoll-Vorlage für die Konfliktlotsen und internen MediatorInnen erarbeitet. In dem Protokoll werden keine Personen und Termine angegeben, sondern Themen und Hinweise, die Gesprächsgegenstand waren. Diese Protokolle werden zum Abschluss der Gespräche mit den Beteiligten besprochen und gehen an die Konfliktmanagement-Kommission.

Im Jahre 2012 erhielt die Kommission etwa 90 Protokolle, die ausgewertet und an Personalabteilung, Betriebsrat und Qualitätsmanagement zur Bearbeitung weitergereicht wurden.

Qualitäts-management

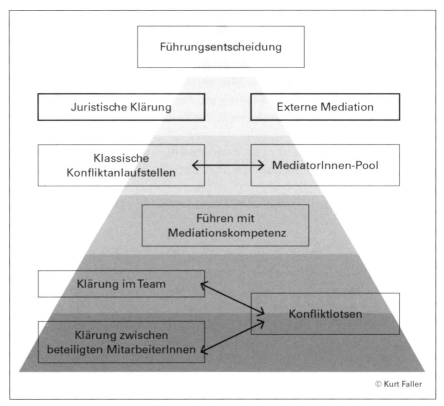

Abb. 7-2: Ebenen der Konfliktregelung – Erweiterung 3.

Handbuch

Auf dieser Basis werden die bestehenden Verfahren und die im „Handbuch Konfliktmanagement" vorgeschlagenen Regelungen im Detail abgeglichen und vereinheitlicht. Dies wird in den meisten Fällen unproblematisch sein. Wenn es aber zu Auseinandersetzungen kommt, gilt die Regel, dass weniger oft mehr ist. Es ist häufig besser, den strittigen Punkt hintanzustellen, die verschiedenen Varianten an konkreten Fällen zu überprüfen und erst später eine Festlegung zu treffen.

So kam es in einem Unternehmen der chemischen Industrie zu einer harten Debatte um die Frage, ob Konfliktlotsen Informationen aus vertraulichen Gesprächen weitergeben müssten, wenn es sich um sicherheitsrelevante Fragen handelt. In der Vermittlung durch die Systemdesignerin in ihrer Rolle als OE-Beraterin und Mediatorin wurde zunächst geklärt, was als sicherheitsrelevante Frage zu betrachten ist. Danach wurde eine Schulung der Konfliktlotsen verabredet, damit sie derartige Fragen mit den KollegInnen besprechen und möglichst erreichen, dass die Betroffenen selbst diese sicherheitsrelevanten Fragen weitermelden. Bei Unsicherheiten und in Grenzfällen sollten sich Konfliktlotsen an die Koordinierungsstelle oder die Kommission wenden.

OE- BeraterIn

Vereinbarungen sollten zu folgenden Punkten erreicht werden:

– Wie können im Alltag die mediativen Techniken stärker in die Auswahl der Verfahren der Konfliktregelung einbezogen werden? Wann soll bei Problemen am Arbeitsplatz eine Arbeitsplatzkonfliktmoderation vorgeschlagen werden, und wann muss eine Abmahnung erfolgen?

Abmahnung

– Wie kann die Arbeit der Konfliktlosten durch die zuständigen Führungskräfte und den Betriebsrat in einer festen Form unterstützt werden?

– Wo ist die Koordinierungsstelle angesiedelt? Diese Frage spielt oft eine wichtige Rolle in den Verhandlungen. Es ist meist klar, dass dafür keine neue, unabhängige Stelle eingerichtet wird. Diskutiert wird, ob die Stelle eher bei der Personal- oder Rechtsabteilung oder bei Stellen angesiedelt wird, die als neutraler wahrgenommen werden, wie Personalentwicklung oder Sozialberatung. Wichtig ist, dass die größtmögliche Unabhängigkeit in der Gestaltung der Funktion deutlich wird, um die gebotene Vertraulichkeit zu gewährleisten.

Koordinierungsstelle

Die Erfahrung in den Projekten zeigt auch, dass die Integration der neuen Elemente als ein Prozess zu betrachten ist. Wichtig ist, dafür im Schritt 13 durch gegenseitige Wertschätzung und Offenheit die Grundlagen für ein erweitertes KMS zu schaffen und Einzelfragen in diesem Geiste zu klären, wenn sie auftauchen.

7.3 Schritt 14: Qualifizieren und betreuen

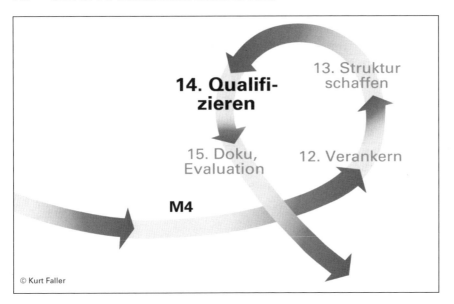

© Kurt Faller

Qualifizieren, betreuen und das System auf Dauer stellen sind die Aufgaben in den letzten beiden Schritten der Systemdesignschleife. In Schritt 14 ist als Erstes die Frage zu beantworten, wie ein reibungsloses Ineinandergreifen der bestehenden und der neuen Elemente des KMS gewährleistet werden kann. Unterschiede in Kenntnisstand und Ausbildung können zum Problem werden. Ein Teil der Akteure war von

Pilotgruppe

vorneherein an der Entwicklung des KMS beteiligt, hat in der Pilotgruppe mitgearbeitet und die Ausbildung zum internen Mediator absolviert. Ein anderer Kreis von Personen, die in dem neuen, erweiterten KMS an wichtigen Schaltstellen sitzen, hat diese Entwicklung nicht mitgemacht. Die erste Gruppe betrachtet die neuen Regelungen als „ihr" System. Die andere Gruppe hat sich zwar bereit erklärt, sich zu beteiligen, hat aber viele Fragen und Unsicherheiten in der Praxis.

In dieser Situation haben sich folgende Interventionen als sinnvoll erwiesen:

Im Gespräch mit der zweiten Gruppe wird ein adäquates Ausbildungsangebot entwickelt und zeitnah durchgeführt. Dabei ist die Einbeziehung in die Vorbereitung und Planung ein besonderes Zeichen der Wertschätzung. Damit holen sich die Fachkräfte die Kenntnisse und Fähigkeiten, die sie für die Erfüllung ihrer Funktionen brauchen. Die

Training on the Job

Ausbildung kann so in der Art eines „Training on the Job" gestartet werden.

Die Qualifizierung wird kombiniert mit einer regelmäßigen Supervision für das gesamte Team. Dabei können entstandene Unstimmigkeiten aufgefangen und unterschiedliche Herangehensweisen diskutiert und austariert werden.

In dieser Begleitung ist der Systemdesigner in seiner Rolle als Trainer, Supervisor und Coach gefragt.

Verschiedene Unternehmen haben in dieser Situation Trainings zum „Führen mit Mediationskompetenz" angeboten. Dies ist sicher die effektivste Möglichkeit, dass alle Führungskräfte mediative Methoden kennenlernen und einschätzen, wie und wann sie das erweiterte KMS in ihrer Führungsarbeit nutzen können. Außerdem ist Konfliktmanagement eine primäre Führungsaufgabe und darf nicht auf Konfliktlotsen abgeschoben werden. In der Praxis hat sich gezeigt, dass verstärkte Angebote für Führungskräfte am Anfang der Implementierung ein wesentlicher Faktor für ein gutes Gelingen sind.

Modul 1 **Mediatives Handeln im** **Führungsalltag**	**Modul 2** **Konfliktmanagement**
Baustein I **Konflikte in Organisationen** 1. Veränderungsprozesse in Unternehmen 2. Der Konflikt-Check	*Baustein VII* **Vermittlung** 1. Klärungsgespräch 2. Einsatz von Klärungsgesprächen im Alltag 3. Umsetzung mediativer Techniken im Führungshandeln
Baustein II **Analyse von Konflikten** 1. Eskalation von Konflikten 2. Konfliktkostenberechnung	*Baustein VIII* **Organisationskultur** 1. Formen der Konfliktregelung 2. Analyse der Organisationskultur
Baustein III **Kommunikation** 1. Mediation Teil 1: Einführung 2. Mediation 1. und 2. Phase	*Baustein IX* **Moderne Managementkonzepte** 1. Achtsames Management 2. Konfliktmanagement als Element der lernenden Organisation
Baustein IV **Kommunikation** 1. Das 9-Felder-Modell 2. Mediation Teil 2: 3. Phase	*Baustein X* **Führen mit Leitplanken** 1. Zielvereinbarungsgespräche unter mediativen Aspekten 2. Kritikgespräche unter mediativen Aspekten
Baustein V **Verhandeln** 1. Verhandeln nach Harvard 2. Mediation Teil 3 : 4. und 5. Phase	*Baustein XI* **Feedback** 1. Grundlagen 2. Einzel- und Gruppenfeedback
Baustein VI **Beratung** 1. Konfliktberatung 2. Begleitung bei der Konfliktregelung	*Baustein XII* **Aufbau von Konfliktmanagementsys-** **temen** 1. Systemdesign/Modell-Raster 2. Implementierung
Abschluss	*Abschluss*

Abb. 7-3: Überblick – Training für Führungskräfte.

7.4   Schritt 15: Dokumentieren und evaluieren

© Kurt Faller

Dies ist der letzte Schritt in der hier dargestellten Systemdesign-schleife. In den 15 Schritten hat die Organisation ein neues, erweitertes KMS entwickelt, erprobt und implementiert. Dieser Prozess ist abgeschlossen.

Gleichzeitig ist Schritt 15 der erste Schritt in eine neue Schleife: in jene der beständigen Weiterentwicklung des Umgangs mit Konflikten. Denn Schritt 15 bildet die Grundlagen dafür, dass die Organisation fortwährend aus Konflikten und deren Bearbeitung lernen kann.

Sobald das neue System steht, kann darüber hinaus gedacht werden. Durch präventive Maßnahmen kann die Zahl der dysfunktionalen Konflikte vermindert werden. Aus der Konfliktregelung entstehen Veränderungen in der Arbeit und das Prinzip einer Sensibilität für Abläufe und Beziehungen wird Führungsmaxime.

Aus der Organisation ist eine lernende, innovative Organisation geworden, die den permanenten Herausforderungen besser gewachsen ist. Dank den Konflikten ist das möglich geworden.

8. Ausblick

Als William Ury 1988 seine ersten Ideen zur Entwicklung von Konflikt-managementsystemen vorstellte, schrieb er – wie in Kapitel 1 zitiert – von einem „Einstieg in ein Gebiet, von dem wir hoffen, dass es eines Tages ein eigenständiges Fachgebiet sein wird". In den USA ist dies längst erreicht. Aber auch im europäischen, vor allem deutschsprachi-gen Raum sind wir auf einem guten Weg. Schon früh legte Friedrich Glasl mit seinen Werken „Konfliktmanagement", „Dynamische Unter-nehmensentwicklung" und „Professionelle Prozessberatung" einen Grundstein für die Verbindung von Mediation, Konfliktmanagement und Organisationsentwicklung. Nach der Verabschiedung des Media-tionsgesetzes in Österreich 2003 erforschte Mario Patera in mehreren Projekten im Auftrag des österreichischen Bundesministeriums für Wirtschaft und Arbeit (BMWA) Möglichkeiten und Grenzen der Wirt-schaftsmediation insbesonders in Klein- und Mittelunternehmen in Österreich. In Deutschland schufen die verdienstvollen Promotions-arbeiten von Torsten Schoen und Alexander Steinbrecher eine Grund-lage für die Rezeption der amerikanischen Erfahrungen. Besonderen Schub erhielt die Diskussion durch die Studien der Pricewaterhouse Coopers AG und der Europa-Universität Viadrina Frankfurt an der Oder unter der Leitung von Lars Kirchhoff. Im Vorwort zur 3. Studie 2011 „Konfliktmanagement – Von den Elementen zum System" fassen die Autoren den Stand der Entwicklung folgendermaßen zusammen: „Die vorliegende Studie ist geprägt von der rasant wachsenden Experimentierbereitschaft deutscher Unternehmen im Hinblick auf die Einführung einzelner Maßnahmen im Bereich Konfliktmanagement; die Pionierphase ist diesbezüglich in vollem Gange."
Besonders deutlich wird dies durch die Gründung des „Round Table Mediation und Konfliktmanagement der deutschen Wirtschaft" (RTMKM) im Jahre 2008. „Zu den Mitgliedsunternehmen des Round Table zählen – neben E.ON und SAP als Gründungsunternehmen – unter anderem Audi, Siemens, die Deutsche Bahn, die Deutsche Bank, Bombardier Transportation, Areva, die Fraunhofer-Gesellschaft, die Deutsche Telekom, die E-Plus-Gruppe, EnBW, ABB, HSG Zander, Nokia, Siemens Network, ERGO AG, Grundig, Porsche, Hofmann Personal und das ZDF", schreiben die Initiatoren Jürgen Briem und Jürgen Klowait in der Zeitschrift Konfliktdynamik (2012: 66 f.).

Im Jahr 2011 gründeten mehrere Beratungsunternehmen für Wirtschaftsmediation auf Initiative der MEDIUS GmbH Münster/Linz und der inmedio GmbH Frankfurt die „Gesellschaft für Systemdesign". Weitere Gründungsinstitute sind: SokraTeam München, Grundig Akademie Nürnberg, IMB GmbH München und AI-Institut Piesport.

Die 1. Konferenz Systemdesign an der Ruhr-Universität in Bochum (2013) schuf ein Forum, um das Zusammenwirken von Mediation und Organisationsentwicklung bei der Entwicklung einer konstruktiven und gesundheitsfördernden Konfliktkultur in Unternehmen und Organisationen in Theorie und Praxis zu beleuchten.

So entwickelt sich Systemdesign auch in Europa zu einem eigenständigen Fachgebiet, das seine besondere Ausprägung durch den Diskurs unterschiedlicher Bereiche und Disziplinen gewinnt. Durch die Verbindung der praktischen Erfahrungen in Wirtschaft, Verwaltung und Organisationen der sozialen Dienstleistung mit der inhaltlichen Debatte und durch die Verbindung von Mediation mit Organisationsentwicklung entstehen die fachlichen Grundlagen dieses neuen Arbeitsfeldes. In enger Kooperation von internen Verantwortlichen und externen Systemdesignern werden praktische Erfahrungen gesammelt und reflektiert.

Ein weiterer Schritt zur Etablierung eines eigenständigen Arbeitsfeldes ist die Ausbildung von Fachkräften zur Entwicklung von Konfliktmanagementsystemen – von Systemdesignerinnen und Systemdesignern. Dazu hat der Autor das Weiterbildende Studium „Konfliktmanagement und Systemdesign" an der Ruhr-Universität Bochum entwickelt. Dieser Studiengang ist ein Angebot für ausgebildete Mediatorinnen und Mediatoren, die verstärkt intern oder extern in Organisationen und der Beratung von Unternehmen arbeiten wollen. Der Lehrgang richtet sich auch an systemische BeraterInnen, OrganisationsberaterInnen, Coaches und SupervisorInnen mit Grundkennnissen in Mediation. Im Jahr 2013 wurde der 2. Kurs dieses weiterbildenden Studiums mit Erfolg abgeschlossen. Damit kann nun auf ein erprobtes Konzept für die Ausbildung von SystemdesignerInnen zurückgegriffen werden. Für das Studium ist das vorliegende Buch auch als Lehrbuch gedacht.

Und zum Schluss lässt sich sagen: Die Anfänge für die Etablierung von Systemdesign als einer neuen Beratungsdisziplin sind gemacht. Die Tür zu einer neuen Kooperation von Internen und Externen und von unterschiedlichen Fachdisziplinen ist aufgestoßen Wie schnell diese Entwicklung weitergeht, hängt davon ab, wie intensiv Unternehmen und Organisationen Konflikte als Gestaltungschance nutzen und wie klug SystemdesignerInnen mit den betroffenen Menschen gemeinsam Konzepte und Ideen entwickeln, um diesen Prozess zu unterstützen.

9. Der Autor

Kurt Faller lebt und arbeitet als selbstständiger Mediator, Organisationsberater und Konfliktmanagement-Systemdesigner in Münster.
Schwerpunkt seiner Arbeit ist die systemische Konfliktbearbeitung in Unternehmen und Organisationen. Dazu gehören Mediationen im Betrieb ebenso wie Teamkonfliktmoderationen, schwierige oder gescheiterte Organisationsentwicklungs- oder Veränderungsprozesse, Konfliktcoaching von Führungskräften und Qualifizierung von Fach- und Führungspersonal.
Nach einer zusätzlichen Ausbildung in systemischer Organisationsentwicklung und Coaching schuf er Konzepte zur Integration von Mediation in Organisationen und Verbänden als Teil der Organisations- und Konzeptentwicklung.
Besondere Erfahrungen hat er damit gesammelt, interne Konfliktmanagementsysteme in Unternehmen, Verwaltung, Verbänden und sozialen Institutionen zu entwickeln. Ein weiteres Feld ist der Einsatz von Konfliktmanagement als Baustein von Change-Management in Veränderungsprozessen.
An der Ruhr-Universität Bochum leitet er das Weiterbildende Studium „Mediation und Konfliktmanagement in Wirtschaft und Arbeitswelt". Er arbeitet als Dozent an verschiedenen Universitäten und Fachhochschulen in Deutschland, Österreich und der Schweiz.

Adresse: www.medius-gmbh.com
kontakt@medius-gmbh.com
Gertrudenstraße 19
48149 Münster
Telefon: +49(0)251 28450551
Handy: +49(0)174 2138740

10. Literaturverzeichnis

Ahrens, O. (2012): www.konfliktkostenrechner. In: „Die Wirtschaftsmediation" 2/2012.

Altmann G./Fiebiger H./Müller R. (1991): Konfliktmanagement für moderne Unternehmen. Weinheim/Basel.

Arbeitshefte Wissenschaftliche Weiterbildung, Nr. 34, Ruhr-Universität Bochum.

Arnold, R. (2007): Ich lerne, also bin ich – eine systemisch-konstruktivistische Didaktik. Heidelberg.

Backhausen W./Thommen, J.-P. (2006): Coaching. Wiesbaden.

Ballreich R./Fröse, M./Piber, H. (Hrsg.) (2007): Organisationsentwicklung und Konfliktmanagement. Bern/Stuttgart/Wien.

Ballreich, R./Glasl, F. (2010): Konfliktbearbeitung mit Teams und Organisationen. DVDs mit Booklet. Stuttgart.

Ballreich, R./Glasl, F. (2011): Konfliktmanagement und Mediation in Organisationen. Stuttgart.

Beck, U. (1991): Politik in der Risikogesellschaft. München.

Beck, U. (2004): Entgrenzung und Entscheidung. Frankfurt a. M.

Beckhard, R. (1969): Organisation development: strategies and models. Reading (Mass.).

Beckhard, R. (1969): The confrontation meeting. In: *Bennis, W./Benne, K./Chin, R.* (eds.): The planning of change. New York.

Bingham, I. B./Nabatchi, T. (2003): Dispute system design in organizations. In: P*ammer, W. J. Jr./Killian, J.* (eds.): Handbook of Conflict Management, S.105. New York/Basel.

Blake, R./Shepard, H./Mouton, J. (1964): Managing intergroup conflict in industry. Ann Arbor/Houston.

Breidenbach, S. (1995): Mediation – Struktur, Chancen und Risiken von Vermittlung im Konflikt. Köln.

Budde, A. (1998): Mediation in Wirtschaft und Arbeitswelt. In: *Strempel, D.* (Hrsg.): Mediation für die Praxis: Recht, Verfahren, Trends. Berlin/Freiburg.

Budde, A. (1999): Betriebliche Konfliktbearbeitung. Konsens, 31/1999. Köln.

Bush, R./Folger, J. (1994): The promise of mediation. Responding to conflict through empowerment and recognition. San Francisco.

Constantino, C. A./Sickles Merchant C. (1996): Designing conflict management systems. San Francisco.

Doppler, K./Lauterburg, Ch. (2005): Change Management. Frankfurt a. M.

Doppler, K./Fuhrmann, H./Lebbe-Waschke, B./Voigt, B. (2002): Unternehmenswandel gegen Widerstände. Frankfurt a. M.

Dörflinger-Khashmann, N. (2010): Nachhaltige Gewinne aus der Mediation für Individuum und Organisation. Bern.

Duss-von Werdt, J. (2005): Homo mediator. Geschichte und Menschenbild der Mediation. Stuttgart.

Duve, C./Eidenmüller, H./Hacke, A. (2003): Mediation in der Wirtschaft. Frankfurt a. M.

Falk, G./Heintel, P./Krainz, E. (Hrsg.) (2005): Handbuch Mediation und Konfliktmanagement. Wiesbaden.

Faller, D./Faller, K. (2014): Innerbetriebliche Wirtschaftsmediation. Strategien und Methoden für eine bessere Kommunikation. Frankfurt a. M.

Faller, K. (1998): Mediation in der pädagogischen Arbeit. Mühlheim.

Faller, K. (2007): Einführung von innerbetrieblichen Konfliktmanagementsystemen. In: Ballreich, R./Fröse, M./Piber, H. (Hrsg.): Organisationsentwicklung und Konfliktmanagement. Bern/ Stuttgart/Wien.

Faller, K. (2012): Systemdesign – Die Entwicklung von Konfliktmanagementsystemen. In: Trenczek, Th./Berning, D./Lenz, C. (Hrsg.): Mediation und Konfliktmanagement. Baden-Baden.

Faller, K./Faller S. (2001): Kinder können Konflikte klären. Mediation und soziale Frühförderung im Kindergarten – ein Trainingshandbuch. Münster.

Faller, K./Kerntke, W. (2009): Konflikte selber lösen. Mühlheim.

Faller, K./Kneip, W. (2007): Konflikte selber lösen – Das Buddy-Prinzip. Mühlheim.

Fisher, R./Ury, W./Patton B. (1997): Das Harvard-Konzept. Frankfurt a. M.

Glasl, F. (2010): Konfliktfähigkeit statt Streitlust und Konfliktscheu. Dornach.

Glasl, F. (2011): Selbsthilfe in Konflikten (6. Aufl.). Bern/Stuttgart/Wien.

Glasl, F. (2012): Heiße und kalte Konflikte in Organisationen. DVD mit Booklet. Stuttgart.

Glasl, F. (2013): Konfliktmanagement (11. Aufl.). Bern/Stuttgart/Wien.

Glasl, F./Kalcher, T./Piber H. (Hrsg.) (2014): Professionelle Prozessberatung (3. Aufl.). Bern/Stuttgart/Wien.

Glasl, F./Lievegoed, B. (2011): Dynamische Unternehmensentwicklung (4. Aufl.). Bern/Stuttgart/Wien.

Glasl, F./Weeks, D. (2008): Die Kernkompetenzen für Mediation und Konfliktmanagement. Stuttgart.

Gläßer U./Kirchhoff, L./Wendenburg F. (Hrsg.) (2013): Konfliktmanagement in der Wirtschaft – Ansätze, Modelle, Systeme. Baden-Baden.

Hacke, A. (2001): Der ADR-Vertrag. Vertragsrecht und vertragliche Gestaltung der Mediation und anderer alternativer Konfliktlösungsverfahren. Heidelberg.

Haft, F./Schlieffen, K. Gräfin von (Hrsg.) (2009): Handbuch Mediation (2. Aufl.). München.

Hagedorn, O. (1994): Konfliktlotsen. Stuttgart.

Harrison, R. (1970): Role negotiation: a tough minded approach to team development. In: Burke, W./Hornstein, H. (eds.): The social technology of organization development. Washington.

Heidbreder B./Zinn, Ch. (Hrsg.) (2010): Berufsbegleitend studieren – dargestellt am Beispiel des Weiterbildenden Studiums Mediation und Konfliktmanagement; Arbeitshefte Wissenschaftliche Weiterbildung 34. Bochum.

Hinnen, H./Kummenacher, P. (2012): Großgruppeninterventionen. Stuttgart.

Hochreiter, G. (2006): Choreografien von Veränderungsprozessen. Heidelberg.

Kerntke, W. (2009): Mediation als Organisationsentwicklung. Bern/Stuttgart/Wien.

König, E./Volmer, G. (2005): Systemisch denken und handeln. Basel.

Königswieser, R./Hillebrand M. (2008): Einführung in die systemische Organisationsberatung. Heidelberg.

KPMG AG Wirtschaftsprüfungsgesellschaft (2009): Konfliktkostenstudie. Ohne Ortsangabe.

Lax, D. A./Sebenius, J.K. (1986): The manager as negotiator. New York.

Lenz, C./Müller, A. (2008): Wirtschaftsmediation – Ein Leitfaden zur Konfliktlösung in Unternehmen und Organisationen. Berlin.

Lenz, C./Salzer, M./Schwarzinger, F. (2010): Konflikt – Kooperation – Konsens. Über die Mediation hinaus: Das Modell der Cooperative Practice. Berlin.

Lewin, K. (1948): Resolving social conflicts. Selected papers on group dynamics. New York.

Lipsky, D. B./Seeber, R. L. (1998): The appropiate resolution of corporate disputes – A report of the growing use of ADR by US-corporations. Ithaca.

Lipsky, D. B./Seeber, R. L./Fincher R. D. (2003): Emerging systems for managing workplace conflict. San Francisco.

Montada, L./Kals, F. (2001): Mediation, Lehrbuch für Psychologen und Juristen. Weinheim.

Moore, C.W. (1986): The Mediation Process. Practical strategies for resolving conflict. San Francisco.

Nagel, R. (2009): Lust auf Strategie. Stuttgart.

Nagel, R./Wimmer R. (2009): Systemische Strategieentwicklung. Stuttgart.

Österreichische Wirtschaftskammer (2009): Konfliktkosten – Neue Wege der Ergebnisverbesserung. Wien.

Patera, M./Gamm, U. (2004): Wirtschaftsmediation. Wien.

Ponschab, R./Dendorfer, R. (2002): ConflictManagementDesign im Unternehmen. In: Haft, F./Schlieffen, K. Gräfin von (Hrsg.): Handbuch Mediation im Unternehmen §39. München.

Ponschab, R./Schweizer, A. (1997): Kooperation statt Konfrontation. Köln.

Pörksen, B. (Hrsg.) (2011): Schlüsselwerke des Konstruktivismus. Wiesbaden.

Porter, M. (1983): Wettbewerbsstrategie (10. Aufl. 1999). Frankfurt a. M.

Porter, M. (1986): Wettbewerbsvorteile (5. Aufl. 1999). Frankfurt a. M.

Proksch, R. (1998): Kooperative Vermittlung (Mediation) in strittigen Familiensachen. Stuttgart.

Rapp, S. (Hrsg.) (2012): Mediation Kompetent. Kommunikativ. Konkret. Ludwigsburg.

Rieforth, J. (Hrsg.) (2006): Triadisches Verstehen in sozialen Systemen. Heidelberg.

Ruegg-Stürm, J. (2003): Das neue St. Galler Management-Modell. Bern.

Sander, F. E. A. (1997): Konflikt als Regelungsform. In: Gottwald, W./Strempel, D./Beckedorf, R./Linke, U. (Hrsg.): Außergerichtliche Konfliktregelung für Rechtsanwälte und Notare, Loseblattsammlung: Stand 2000, Neuwied/Kriftel/Berlin.

Scharmer C. O. (2009): Theorie U. Heidelberg.

Schein, E. H. (2003): Prozessberatung für die Organisation der Zukunft. Bergisch-Gladbach.

Schoen, T. (2003): Konfliktmanagementsysteme für Wirtschaftsunternehmen. Köln.

Schreyögg, A. (2002): Konfliktcoaching. Frankfurt a. M.

Schreyögg, A. (2008): Coaching für die neu ernannte Führungskraft. Heidelberg.

Schulz von Thun, F. (1981–1998): Miteinander reden. Band 1–3. Reinbek bei Hamburg.

Schumacher, Th. (Hrsg.) (2013): Professionalisierung als Passion. Heidelberg.

Senge, P. M. (1996): Die fünfte Disziplin. Stuttgart.

SPIDR (ed.) (2001): Designing integrated conflict management systems: guidelines for practitioners and decision makers in organizations. Ithaka.

Stadt Graz (Hrsg.) (2012): Handbuch Internes Konfliktmanagement der Stadt Graz. Graz.

Steinbrecher, A. (2008): Systemdesign. Baden-Baden.

Thomann, C./Schulz von Thun, F. (2003–2007): Klärungshilfe Band 1–3. Reinbek bei Hamburg.

Trenczek, Th./Berning, D./Lenz, C. (Hrsg.) (2013): Mediation und Konfliktmanagement. Baden-Baden.

Ury, W./Brett J./Goldberg S. (1991): Konfliktmanagement. Frankfurt a. M.

Vahs, D. (2007): Einführung in die Organisationstheorie und Praxis (6. Aufl.). Stuttgart.

Walton, R. (1969): Interpersonal peacemaking: confrontation and third party consultations. Reading.

Watzlawick, P. (1990): Menschliche Kommunikation. Formen, Störungen, Paradoxien. Stuttgart.

Watzlawick, P. (2010): Wie wirklich ist die Wirklichkeit? Wahn, Täuschung, Verstehen (9. Aufl.). München.

Weick, K. E./Sutcliffe, K. M. (2007): Das Unerwartete managen. Stuttgart.

Wimmer R./Nagel, R. (2009): Systemische Strategieentwicklung. Stuttgart.

Wimmer, R. (2004): Organisation und Beratung. Heidelberg.

Zwingmann, E./Schwertl, W./Staubach, M./Emlein, G. (1999): Management von Dissens. Frankfurt a. M./New York.

www.wkw.at/docoextern/ubit/wirtschaftsmediatoren/Studie_Konfliktkosten.pdf „Konfliktkosten – Neue Wege der Ergebnisverbesserung"

11. Sachwortverzeichnis

Abläufe 42

Ablaufstruktur 71, 132 f.

Achtsames Management 21 f.

Achtsamkeit 22

Arbeitsbeziehung 39

Arbeitskampf 31

Artefakte der Unternehmenskultur 114

Auswahlverfahren 152

Aufbaustruktur 69, 131 f.

Auftragsklärung 85

Auftragsschleife 81 f., 87

Ausbildung 145 ff.

Ausgangssituation 91

B2B 36

Bearbeitungsrichtung 56

Berechnen von Konfliktkosten
119 ff.

Beschwerdemanagement 129

Beteiligung 102

Beteiligungsorientierte Diagnose
102 ff.

Betriebsrat 45, 51, 57, 74, 100,
142, 151, 165

Betriebsvereinbarung 68, 75 ff.,
91, 103, 155, 166

Definition des Konflikts 54 f.

Design 141 ff.

Design der Konfliktbearbeitung
57 f.

Dialoggruppe 142

Dokumentation 172 ff.

Entscheidungsvorlage 140

Entwicklungsschleife 82, 107,
109 ff.

Erprobung 156 ff.

Erstkontakt 83

Eskalation der Konflikte 55 f., 67

Evaluation 80, 82, 172 ff.

Familienmediation 34, 36

Fehler 21

Flexibilität 21

Frühwarnsystem 67

Führen mit Mediationskompetenz 71, 90, 124, 158, 171

Führungskräfte 24, 44, 49, 79, 81,
90, 138, 151,

Funktionale und dysfunktionale
Konfliktkosten 27

Geschäftsführung 57, 93, 165

Gesundheitsmanagement 75

Großgruppenmediation 48, 103

Gruppenmediation 48

Haltung 20

Handbuch 82, 150, 153 ff.

Harvard-Konzept 29

Heiße Konflikte 115 f.

Hexagon 112, 121 f., 125 f.,
134 ff.

Hierarchie 30

HROs 21

Human Factors 151

Ideenwand 106

Implementierung 135 f., 161

Innerbetriebliche Mediation 37

Integrationsschleife 82, 163 ff.

Integriertes Konfliktmanagementsystem 65

Interessen 29, 61

Interessensorientierung 61

Interne Mediatoren 17, 50, 70,
148 f.

Interne Verantwortliche 85, 88

Intervention 126

Kalte Konflikte 114 f.

Kernkompetenzen 93, 96

Kollegiale Fallberatung 159 ff.

Kommissionsmodell 68

Kompetenz 122, 127

Komplexität 19 f., 22

Konflikt 89, 99

Konfliktanlaufstellen 23, 24, 45,
49, 50, 59, 63, 65, 71, 98, 100,
123, 150, 164

Konfliktauswertung 74, 132

Konfliktbearbeitung 73

Konfliktberatung 47, 55

Konfliktcoaching 47, 55

Konflikterfassung 72

Konfliktfelder 118 ff.

Konfliktkommission 17, 50, 54,
70, 130

Konfliktkosten 23, 25 ff., 35

Konfliktkostenrechner 28

Konfliktkultur 92, 155

Konfliktlösung 24

Konfliktlotsen 15, 45, 55, 58,
66 f., 68 f., 72, 76, 82, 142, 149,
159

Konfliktmanagement 23, 98

Konfliktmanagementsystem 16, 33, 50, 59, 62, 64 f., 79, 131 f.

Konfliktregelung 30, 81, 101, 110, 120, 124, 168

Konflikt-Triade 42 ff., 54, 56

Konfliktverwaltung 73, 132

Kooperative Auftragsgestaltung 49 ff., 145

Koordinierungsstelle 51, 70, 169

Kraftfeldanalyse 136 ff.

Leitbild 90

Lernende Organisation 20, 60, 80, 172

Lernprozesse 59, 146

Macht 22, 29, 105, 130

Management 20 f.

Maßnahmenplan 137

Materielle Konflikte 42 f., 55

Matrix-Strukturen 25

Mediation 22, 31, 34 ff., 36, 38, 47, 62

Mediationsgesetz 34, 36, 147

Mediationsplan 52, 57 f.

Mediationsprojekt 63 f.

Mediationssystem 64

Mediationsvereinbarung 51

Mediationsvertrag 51

Mediative Beratung 48

Mediatorenpool 17

MEDIUS- Konzept 34, 42, 45

Meilenstein 80, 85, 108, 127, 139 ff., 161

Mitarbeiterbefragung 95

Mitarbeiterfluktuation 26

Modell-Matrix 62 ff., 130 ff.

Nachhaltigkeit 90

Neutralität 36

OE-Basisprozesse 37 ff.

Organisationsentwicklung 20, 32, 57, 59, 66

Organisationskultur 22, 25, 68, 91, 111 ff., 130, 166

Organisationsorientierte Mediation 35

Personaler Konflikt 42, 54

Personalmanagement 45, 66, 142, 151

Pilotgruppe 107 f., 129, 137, 170

Pilotprojekte 158

Präsentation 138

Prävention 37, 122, 126

Primat der internen Konfliktbearbeitung 44

Projektmanagement 141 f., 152

Prozess 117, 144,

Prozessberatung 45, 60

Qualifizierung 90, 145, 146 f., 169 f.

Regeln 29

Relative Unabhängigkeit 62

Roadmap 58, 80

Ruhr-Universität Bochum 35

Schlüsselpersonen 135

Sensibilität für Abläufe und Beziehungen 21

Setting der Konfliktbearbeitung 52 ff.

Shuttle-Mediation 47

Signalwirkung 35

Sozialer Lernprozess 33

Sozialpartner 24

Spannungsfelder 116 ff.

Stakeholdermodell 52 f.

Standards 147

Start-Auftrag 85

Statement 91

Steuerungsgruppe 141, 156, 160

Struktur 35, 43, 61, 166 f.

Strukturelle Konflikte 42 f., 55, 57

Strukturierter Klärungsdialog 48

Studiengang Mediation 34

Supervision 159

Systemdesign 31 ff., 37, 39, 61 ff., 82, 128

Systemdesignschleife 79 ff., 83

SystemdesignerIn 38, 59, 61, 79, 81, 99, 142

Systemische Einordnung 53

Systemische Schleife 79 f.

Systemsteuerung 74, 133

Teamkonfliktmoderation 47

Training 90, 123, 148, 170

Umsetzungsstrategie 134 ff.

Unsicherheit 19 f.

Unternehmenskultur 97

Unterstützungssysteme 135

Untersuchung 110

Upstream Effects 33

Verankerung 165 ff.

Verantwortungskultur 68 f.

Verfahren der Konfliktbearbeitung 42

Verhandeln in der Mediation 47

Verhandeln zwischen Gruppen 48

Vision 90

Vorphase 46, 49 ff.

Werte 114

Wesenselemente der Organisation 39 ff., 93

Widerstand 136, 164

Wirtschaftsmediation 36

Wirtschaftsmediatoren 38 f.

Workshop 103 ff., 128 ff.

Ziele 92

Zugang 88

BUCH-&-FILM-REIHE Professionelles Konfliktmanagement

Rudi Ballreich · Friedrich Glasl

Konfliktmanagement und Mediation in Organisationen

Ein Lehr- und Übungsbuch mit
Filmbeispielen auf DVD

**414 Seiten, 85 Abbildungen
Hardcover: EUR 89,-
ISBN 978-3-940112-15-6
Paperback-Sonderausgabe*: EUR 66,-**
(*für Mitglieder von Mediationsverbänden
und MediatorInnen in Ausbildung)

Dieses umfassende Buch verbindet Mediation mit Organisationsentwicklung
und stellt eine Vielzahl von Konzepten, Methoden und Übungen für die Konfliktarbeit
in Organisationen vor. Die vielen beschriebenen Übungen eignen sich hervorragend
für Trainings mit MediatorInnen, SupervisorInnen, OrganisationsberaterInnen und
Führungskräften.

*»Die Autoren zeigen anschaulich und praxisnah, wie die besondere Dynamik
von Konflikten in Organisationen verstanden und bearbeitet werden kann ...«*
Prof. Dr. jur. Thomas Trenczek

*»Ein Standardwerk für Konfliktmanagement und Mediation,
aber auch sehr empfehlenswert für Organisationsberater!«*
Hubert Kuhn in „Training*aktuell*"

Hopfauer Straße 49 · 70563 Stuttgart
Telefon +49(711) 722 489 95
info@concadoraverlag.de
www.concadoraverlag.de

**Bestellen Sie in unserem
Online-Shop
www.concadoraverlag.de**
Sehen Sie Filmbeispiele und
lesen Sie Rezensionen. Blättern Sie
in den Büchern und abonnieren
Sie unseren Newsletter zu Neu-
erscheinungen, Sonderangeboten
und kostenlosen Downloads.

BUCH-&-FILM-REIHE Professionelles Konfliktmanagement

Rudi Ballreich · Friedrich Glasl

Konfliktbearbeitung mit Teams und Organisationen

Ein Lehr- und Übungsfilm zur
Team- und Organisationsmediation

**5 DVDs, Gesamtlaufzeit 10 Stunden,
Booklet (58 Seiten)
Preis: EUR 370,-
Ermäßigt*: EUR 295,-**
(*für Mitglieder von Mediationsverbänden
und MediatorInnen in Ausbildung)
ISBN 978-3-940112-24-8

Der professionell gedrehte Film demonstriert die Methoden und Prozesse einer
komplexen Organisationsmediation. In vier Szenen entfalten sich die Streitigkeiten.
Sie dienen als Material, um anhand der beigefügten Anleitungen Konfliktdiagnose
zu üben. Danach werden in zehn Szenen grundlegende Methoden der Konfliktarbeit
in Organisationen gezeigt.

*»Das Geschehen nimmt den Zuschauer gefangen wie bei einem
Mediationskrimi! Man kann meisterhaft arbeitenden Konfliktberatern direkt
bei der Arbeit zusehen. Sorgfältig und genau werden die Prozessschritte
einer Konfliktbearbeitung gezeigt ... «*
Prof. Dr. Arist von Schlippe

**Bestellen Sie in unserem
Online-Shop
www.concadoraverlag.de**
Sehen Sie Filmbeispiele und
lesen Sie Rezensionen. Blättern Sie
in den Büchern und abonnieren
Sie unseren Newsletter zu Neu-
erscheinungen, Sonderangeboten
und kostenlosen Downloads.

Hopfauer Straße 49 · 70563 Stuttgart
Telefon +49(711) 722 489 95
info@concadoraverlag.de
www.concadoraverlag.de

BUCH-&-FILM-REIHE Professionelles Konfliktmanagement

Erwin Huber (Hrsg.)

Mut zur Konfliktlösung!

Praxisfälle der Organisationsmediation

440 Seiten, 110 Abbildungen
Hardcover: EUR 48,-
ISBN 978-3-940112-37-8

Erfahrene MediatorInnen beschreiben in dem Buch 19 Praxisfälle der Organisationsmediation. Sie schildern jeweils die Konfliktsituation und den Mediationsprozess
und sie reflektieren ihre Arbeitsweise. Ein Kapitel bringt die Kurzbeschreibung der
wichtigsten Methoden. MediatorInnen, SupervisorInnen und Organisationsberater-
Innen bietet das Buch viele Anregungen für die Weiterbildung. Führungskräfte weiten
ihren Blick für die Konfliktdynamik in Organisationen und sie werden ermutigt,
Konflikte als Chance zur Weiterentwicklung der Organisation zu sehen.

»Ich kenne kein vergleichbares Buch, das Mediation so stark mit der Dynamik
in Organisationen verbindet. Die vielen maßgeschneiderten Vorgehensweisen
stellen sich auf die spezielle Organisation und die Beteiligten ein. Das Buch
macht deshalb Mut, sich von Regeln und Schulen zu lösen und zu fragen:
Welche Ansätze braucht dieser besondere Fall? «

Prof. Dr. Alexander Redlich

Bestellen Sie in unserem
Online-Shop
www.concadoraverlag.de
Sehen Sie Filmbeispiele und
lesen Sie Rezensionen. Blättern Sie
in den Büchern und abonnieren
Sie unseren Newsletter zu Neu-
erscheinungen, Sonderangeboten
und kostenlosen Downloads.

Hopfauer Straße 49 · 70563 Stuttgart
Telefon +49(711) 722 489 95
info@concadoraverlag.de
www.concadoraverlag.de

Concadora
verlag

Friedrich Glasl / Trude Kalcher / Hannes Piber
(Hrsg.)

Professionelle Prozessberatung

Das Trigon-Modell der sieben OE-Basisprozesse

3. überarbeitete und ergänzte Auflage 2014
547 Seiten, gebunden
ISBN 978-3-258-07784-0

Expertenberatung ist oft wenig wirkungsvoll, weil Externe einer Organisation fertige Diagnosen und Lösungen vorgeben, die von den betroffenen Menschen wie Fremdkörper abgewiesen werden.

Organisations- oder Unternehmensentwicklung geht anders vor. Sie versteht sich als «Prozessberatung», bei der die Betroffenen an der Umgestaltung ihrer Organisation aktiv mitwirken, wodurch die Verbesserung von Organisation und Führung wie auch die Selbstorganisationsfähigkeit in den Mittelpunkt von Veränderungen rückt. Obwohl der Begriff «Prozessberatung» schon seit Langem in der Fachwelt gebraucht wird, ist er bis heute zumeist recht undifferenziert und global geblieben. Dieses Buch stellt klar, dass es sich bei der Prozessberatung als «Sozialkunst» um das Zusammenspiel von sieben Basisprozessen handelt. Für jeden dieser sieben Prozesse wird die ihm eigene Dynamik beschrieben, und es werden zahlreiche Methoden geschildert, mit denen jeder Prozess unterstützt und begleitet werden kann. Als wesentliche Hintergrundkonzepte für die Prozessarbeit dienen die Entwicklungsgesetzmäßigkeiten von Organisationen und das Trigon-Systemkonzept der 7 Wesenselemente und der 3 Subsysteme.

Die 3. Auflage wurde umfassend überarbeitet und mit einer ausführlichen Darstellung des Entwicklungsverständnisses des systemisch-evolutionären Ansatzes von Trigon sowie einer Aktualisierung der Literatur ergänzt. Zusätzlich werden neue Praxisbeispiele der Umsetzung der Konzepte und Methoden beschrieben sowie neue Methoden vorgestellt, u. a. aus dem hypnosystemischen Ansatz von Gunther Schmidt und der Integralen Theorie von Ken Wilber.

Haupt Verlag Bern
verlag@haupt.ch • www.haupt.ch

Verlag Freies Geistesleben Stuttgart
info@geistesleben.com • www.geistesleben.com

Wilfried Kerntke

Mediation als Organisations- entwicklung

Mit Konflikten arbeiten.
Ein Leitfaden für Führungskräfte

2. Auflage 2009. 249 Seiten, 10 Abbildungen, kartoniert
ISBN 978-3-258-07522-8

Mediation kann mehr

Mediation ist eine vielfach mit Erfolg eingesetzte Methode, um mit Hilfe neutraler Dritter festgefahrene Konflikte einer Lösung zuzuführen, die für alle Seiten Vorteile bringt. So werden irreparable Schäden und hohe Kosten vermieden. In vielen Konflikten sind zudem Impulskräfte für eine neue Entwicklung bereits enthalten – diese Impulse gilt es aufzunehmen, damit nicht nur der aktuelle Konflikt beigelegt wird, sondern die Organisation daraus für die Zukunft lernen kann. So wird Mediation zum *Entwicklungsorientierten Konfliktmanagement* und kann zum Ausgangspunkt von Veränderungsprozessen einer Organisation werden.

«Mediation als Organisationsentwicklung» richtet sich an Führungskräfte – in dem Buch werden alle entscheidungsrelevanten Punkte des *Entwicklungsorientierten Konfliktmanagements* beschrieben. Insofern ist es auch ein Anleitungsbuch. Es unterstützt vor allem darin, den Start, den Auftrag zu einem Mediationsverfahren auf Seiten der Unternehmung gut auf den Weg zu bringen.

Mit der Erläuterung und Diskussion der Hintergründe fördert es die Selbständigkeit der Auftraggebenden gegenüber den externen Mediatoren. Arbeitsblätter zu ausgewählten Themen unterstützen diese Selbständigkeit. Modelle für die Implementierung von Konfliktberatung vermitteln eine längerfristige Perspektive. Eine Fallstudie macht schließlich das Verfahren anschaulich und zeigt kritische Punkte.

Dr. Kerntke war vier Jahre Vorsitzender des deutschen Bundesverbandes Mediation und ist heute CoPräsident von Worldwide Negotiation, einem internationalen Netzwerk von Vermittlern in Wirtschaftskonflikten.

www.inmedio.de

┇Haupt **Haupt Verlag** Bern
verlag@haupt.ch • www.haupt.ch